KB211137

하나님이
함께하신다는 것

날마다 새롭게, 오늘 여기서 경험하는 십자가와 부활

하나님이
함께하신다는 것

G o d   w i t h   u s

로완 윌리엄스 지음 | 강봉재 옮김

국제제자훈련원

십자가와 부활은 신자들에게 너무도 익숙하기에 오히려 주목받기가 쉽지 않은 것이 현실이다. 십자가와 부활의 능력으로 인생의 한계를 돌파했던 경험이 있는가? 저자는 말씀에 기초하여 뛰는 가슴으로, 경험으로, 그리고 신학으로 십자가와 부활을 뜨겁게 풀어내고 있다. 지면마다 십자가에 대한 사랑과 부활의 감격이 선혈처럼 흐르고 있어 십자가와 부활에 대한 깊은 여정旅程으로 우리를 인도한다.

에필로그까지 정독하라. 다 읽은 후에는 우리를 위해 죽으시고 부활하신 예수님으로 인하여 다시금 심장이 펄떡이는 것을 느낄 것이다. 글을 읽는 내내 신앙의 상식적 틀을 깨는 흥미진진함과 영적 각성을 가져다주는 필독서이다.

오정현_ 사랑의교회 담임목사

십자가와 부활은 그리스도교 신앙의 심장이다. 그러나 교회는 이 심장을 소통할 수 없는 차가운 교리에 가두어 옥죄었고, 이제 세상은 교회의 행실을 보고 조롱한다. 이런 시기에 로완 윌리엄스의 성찰은 마치 신앙을 위한 심폐소생술과도 같다. 그동안 잊거나 무시했던 전통의 단단한 근육을 되살리고, 신앙생활의 섬세한 모세 혈관에도 신선한 공기를 불어넣는다. 십자가와 부활의 혈류가 '그때' 과거에 머물지 않고 '지금' 현재와 통하게 하여 하느님의 구원 사건에 담긴 깊고도 웅장한 세계로 초대한다. 이 책은 우리 신앙에 십자가의 피가 다시 흐르게 한다. 교회와 신앙을 함께 쇄신해야 하는 '골든타임'인 지금, 우리에게 꼭 필요한 책이다. 부활로 얻은 새로운 창조의 생명을 만끽하게 하는 책으로 추천한다.

이경호_ 대한성공회 서울교구장 주교

원제 *God with Us: The meaning of the cross and resurrection. Then and now* 를 보면 이 책의 중심 논지가 잘 드러난다. 이 책은 영국 성공회 복음주의의 신학적 깊이를 드러내면서 읽는 내내 우리 마음을 뜨겁게 하고 기독교 신앙의 진수를 음미하게 한다.

저자 로완 윌리엄스는 주 예수 그리스도의 십자가가 특정 종교, 특정 종파의 전유물이 아니라 온 인류를 향한 하나님의 변증법적 궁극긍정 Yes to humanity의 상징임을 주장한다. 십자가는 한때 로마제국과 유대의 악한 통치자들이 사형수의 목숨을 빼앗기 위해 사용한 흉악스런 도구였으나, 온 세상을 구원하려는 하나님이 보이신 위대한 반전 드라마의 소품이 되었다. 또한 폭력과 무질서, 묵시록적 재앙이 연일 터져 나오는 세상에 사는 인간의 운명에 대해, 하나님은 당신의 긍정과 사랑을 부활하신 주님에게 나타내셨다. 주님의 부활은 새로운 인간성을 창조하시겠다는 하나님 아버지의 단호한, 그리고 영원 전부터 기획된 결심이자 경륜이다.

이 책에는 십자가의 원수로 행하는 한국교회의 여러 비참한 행태에 마음이 상한 신자들에게 주님이 주시는 위로가 가득하다. 아침마다 한 장씩 읽어나가며 주님이 지신 십자가와 주님이 누리시는 부활을 묵상하기에 최적화된 경건 서적이다.

김회권 _ 숭실대학교 기독교학과 교수

로완 윌리엄스의 글은 깊은 땅속 암반에서 끌어 올린 물과 같다. 자극적인 글이 독자들의 마음을 사로잡기 위해 경쟁하는 이 시대에 청정수와 같은 글을 독자에게 선사한다. 급하게 읽으면 밋밋하게 느껴질 수 있다. 하지만 차분한 마음으로 정독하다 보면 신선한 맛과 깊은 만족을 경험한다. 그것은 저자가 진리에 대한 고된 연구의 결실을 보통 사람들의 언어로 풀어낸 결과다. 이 책에서 저자는 기독교 신앙의 두 기둥인 십자가와 부활의 의미에 대해 차분히 그리고 친절히 안내한다. 2천 년 기독교 전통에 든든히 뿌리를 두고 있으면서도 새로운 영감으로 가득하다. 정독을 하고 나면 자신의 믿음에 대해 깊이 감사하게 되고 누구에겐가 말해주고 싶은 열정이 생겨날 것이다.

김영봉_와싱톤사귐의교회 담임목사

예수 그리스도의 핵심 사역인 십자가와 부활 사건은 기독교의 넘어짐과 일어섬을 결정하는 중대한 주제이다. 이 사건 안에는 하나님이 자기 백성을 사랑하는 방식이 오롯이 담겨 있다. 목회자이며 학자로서 로완 윌리엄스는 신학의 우물을 깊게 파면서도 독자를 세심하게 배려하며 글을 썼다. 독자들이 십자가와 부활이라는 거울에 자신을 비춰 하나님의 사랑을 새롭게 확인할 수 있길 기대한다. 기독교의 핵심 사건을 유의미하게 묵상하기 원하는 분에게 충분한 만족을 주리라 확신한다.

송태근_삼일교회 담임목사

십자가와 부활에 대해서는 수많은 설교자와 학자들이 책을 냈다. 하지만 저자의 글은 신선하다. 일찍이 이 정도 분량의 책에서 십자가와 부활에 대해 이렇게도 풍성한 내용을 담은 적은 없었다. 신구약을 관통하는 십자가와 부활의 의미, 교회사 여기저기를 넘나드는 풍부한 자료 인용, 뛰어난 문학작품을 예화로 동원하는 저자의 글은 그가 성경과 역사, 문학에 얼마나 조예가 깊은가를 보여준다. 이 책을 읽으면서 많은 분들이 기독교 복음의 핵심을 풍성하게 경험하길 바란다. 다만 저자가 성공회 신학자라는 점을 고려하면서 읽어나가면 좋겠다.

박성규_부전교회 담임목사

로완 윌리엄스의 글을 읽다 보면 도전이 될 뿐 아니라 품격 있는 위엄도 느낄 수 있다. 이 책은 기독교 신앙의 핵심 질문, 곧 예수님의 죽음과 부활의 의미는 무엇인가를 다룬다. 로완 윌리엄스는 현재에 확고히 뿌리내리고 미래를 향하는 동시에 과거의 해석을 진지하게 받아들일 것을 권한다. 우리는 이 책에서 삶의 근본적인 의미 자체를 숙고해보라는 요청을 받는다. 이런 식으로 내놓은 답이 유쾌한 이유는 그의 뛰어난 학식 덕분일 것이다.

루시 윈켓_ 피커딜리 성 야고보 교회 교구목사

활짝 꽃피웠고 쉽게 이해할 수 있는 신학이 여기 있다! 이 책을 읽으면서 나는 예수 그리스도 안에서 드러난 "완전한 인간성"이라는 비전에 다시 매료되었다.

미로슬라브 볼프_ 예일대 신학대학원 조직신학 교수

단순함, 섬세함, 깊이 있는 진지함과 유머를 두루 지닌 저자는 이 책에서 우리에게 기독교 신앙의 무한한 깊이를 펼쳐 보인다. 이런 면에서 그는 정말 훌륭한 선생이다. 이 책을 읽으면 십자가에 못 박히고 부활하신 예수님께 더 가까이 다가갈 수밖에 없다. 삶을 변화시키는 놀라운 책이다.

웬디 베케트_ 수녀

로완 윌리엄스는 동시대를 살아가는 위대한 신학자이자 영감 있는 성경 선생이다. 그의 경건한 지혜로 우리는 심오한 진리를 쉽게 이해할 수 있다.

니키 검벨_ 홀리 트리니티 브롬턴 교구목사, 알파 코스 개척자

차례

1부

십자가의 의미

The meaning of the cross

일러두기

1. 1~3장은 2006년 성주간에 캔터베리에서 전한 강연을 기초로 했다.
2. 4장과 5장은 2008년에 전한 윈체스터에서의 사순절 강연을 기초로 하여 재구성했다.
3. 에필로그는 원래 런던의 성 앤드류 홀본에서 전한 성찬례 설교였다. 이 성찬례 중에 (발레키아라 수도원의 한 수녀가 그린) 새 부활 성화가 축성되었다.

1

상징

The sign

"

이를 위하여 너희가 부르심을 받았으니 그리스도도 너희를 위하여 고난을 받
으사 너희에게 본을 끼쳐 그 자취를 따라오게 하려 하셨느니라. 그는 죄를 범
하지 아니하시고 그 입에 거짓도 없으시며, 욕을 당하시되 맞대어 욕하지 아니
하시고 고난을 당하시되 위협하지 아니하시고 오직 공의로 심판하시는 이에게
부탁하시며, 친히 나무에 달려 그 몸으로 우리 죄를 담당하셨으니, 이는 우리
로 죄에 대하여 죽고 의에 대하여 살게 하려 하심이라. 그가 채찍에 맞음으로
너희는 나음을 얻었나니. _베드로전서 2:21~24

"

그리스도를 예배하는 곳으로 들어갈 때에 우리는 거기서 당연히 십자가를 보리라 기대합니다. 그러하기에 화장장이나 병원 예배당과 같은 공공장소에서 십자가를 치우는 것을 두고도 상당히 공감 어린 분노를 표현합니다.

하지만 기독교가 시작되었을 때 예배 장소에서 십자가를 보리라 기대하는 사람은 아무도 없었습니다. 가령 최근에 어떤 교회에 들어갔는데 거기에 전기의자나 단두대 같은 이미지가 큰 그림으로 걸려 있다고 생각해보십시오. 처음 두 세기까지는 성도들이 교회에서 십자가를 보았을 때 이와 비슷한 느낌이었을 것입니다. 십자가는 고통과 굴욕, 수치의 상징이었습니다. 십자가는 생명을 파리 목숨처럼 여겼던 어떤 막강한 제국의 힘을 드러내는 상징이었습니다. 사람들은 십자가를 볼 때마다 그 제국이 자기 목숨을 쥐락펴락할 수 있다는 사실을 뼈저리게 인식했습니다. 도시의 변두리나 길가에선 어쩔 수 없이 보게 되더라도 예배 장소에 그런 것이 있으면 안 된다고 여겼습니다.

예수께서 작은 소년이었을 때 갈릴리에서 폭동이 일어났는데 로마 군인들은 이를 무자비하게 진압했습니다. 당시 갈릴리의 길

15

가에는 그들을 매단 십자가가 수천 개나 있었다고 합니다. 복음서에서 예수님이 자기 십자가를 지고 따르라고 하실 때 그저 상황이 조금 나빠지는 것을 비유적으로 언급하신 차원이 아니었습니다. 따라서 충성의 표시로 십자가를 내세우는 일단의 사람들은 해명해야 할 게 많았습니다.

십자가, 달라진 세계

이제 우리는 최초의 그리스도인들이 이 문제에 관해 자기 입장을 어떻게 해명했는지 몇 가지 방식을 살펴보고자 합니다. 오늘날도 이 십자가를 종교적 상징 정도로 여기는 수준을 넘어서려면, 필연적으로 다음과 같은 몇 가지 질문에 답을 해야 합니다. 십자가는 대체 무엇인가? 십자가는 어떻게 역사하는가? 우리는 왜 고문 도구를 생각의 중심에 두는가?

초기 그리스도인은 십자가를 언급하는 수밖에 없다고 생각했을 것입니다. 그들은 예수님의 십자가 죽음으로 자기 세계가 달라졌음을 알았습니다. 그들이 사는 세상은 예전과 같지 않았습니다. 그들은 새 창조와 노예 상태로부터의 해방에 대해 언급하면서 이 사실을 분명히 강조했습니다. 그들의 삶 전체는 완전히 뒤집어졌고, 우리가 성금요일로 아는 그날의 사건들을 콕 집어 이야기했습니다.

그들은 십자가에서 벗어날 수 없었습니다. 적어도 신약 성경은 그렇게 암시합니다. 실제로 신약 성경을 연구하는 몇몇 학자들은 십자가에 대한 숙고는 조금 나중에 이루어졌다고 주장합니다. 먼저는 카리스마 넘치는 선생이자 순회 예언자로서의 예수님을 강조했습니다. 그분의 행위나 고난보다는 그분의 말씀에 관한 관심이 먼저였습니다. 그럼에도, 복음서를 비롯하여 기독교 경전의 초기 문서를 읽어보면 소위 '십자가 이전'으로 구분 가능한 생각의 층을 별도로 떼어내기가 쉽지 않습니다. 우리가 읽는 신약 성경 구석구석에 십자가가 그늘을 드리우고 있으니까요. 다른 무엇보다도 십자가는 얼마나 많은 것이 달라졌는지 그리고 그것이 어떻게 달라졌는지를 가장 먼저 보여주는 표지입니다.

주변 세계의 비그리스도인들도 초기에 예수님을 따랐던 자들이 얼마나 십자가를 중시하는지 익히 알고 있었습니다. 로마의 어느 벽에는 십자가에 못 박힘을 묘사한 초기 형태의 그림이 긁힌 형태로 보존되어 있습니다. 이 그림은 기원후 2세기의 것으로 추정되는데, 이미지가 다소 충격적입니다. 당나귀 머리를 한 어떤 사람이 끈으로 묶인 채 십자가에 못 박혀 있고, 십자가 옆에는 노예의 짧은 튜닉*을 입은 작은 인물이 어설프게 그려져 있습니다.

● tunic 고대 그리스인이나 로마인들이 입었던 소매가 없고 무릎까지 내려오는 헐렁한 옷옷. 별도의 언급이 없는 한 각주는 모두 옮긴이의 것임.

그리고 그 위에는 이런 낙서가 있습니다. '알렉사메노스는 자기 신을 섬긴다네.' 추측하건대 알렉사메노스의 동료 노예 중 하나가 그를 놀리려고 벽에 이 작은 만화를 낙서하듯 그렸을 것입니다. 하지만 그런 낙서를 한 사람도 알렉사메노스의 신이 바로 못 박힌 하나님임을 알고 있었습니다.

초기 그리스도인들은 이 부분을 해명해야 했고, 우리 또한 그러합니다. 20세기에 나온 위대한 신앙시(《네 개의 사중주》*의 두 번째) 중 하나에서 T. S. 엘리엇은 이렇게 썼습니다. "그럼에도 우리는 다시 이 성금요일을 좋은 날로 부른다." 우리가 이번 장에서 숙고해야 할 의제가 이것입니다. 이 고통과 죽음의 도구가 어째서 '좋은 것'의 상징일까요?

초기 그리스도인들은 이에 관해서는 크게 불리한 입장이었습니다. 통상 노예와 반역자를 처형하는 데 동원된 방식으로 누군가가 죽임당한 이 일로 세상이 달라졌다고 주장하는 것이니 말입니다. 사사건건 로마제국과 부딪치자, 그 제국이 막강한 힘으로 짓밟아버린 누군가로 인해 자기 삶이 바뀌었다는 말의 의미를 설명해야 했습니다.

그분이 자기 나라와 믿음을 지키느라 순교했다고 말했더라면 그다지 치명적이지 않았을 것입니다. 예수께서 태어나기 2세기

●**Four Quartets** 번트 노튼Burnt Norton, 1936, 이스트 코커East Coker, 1940, 드라이 살비지즈The Dry Salvages, 1941, 그리고 리틀 기딩Little Gidding, 1942으로 구성된 네 편의 장시.

전부터 유대인들은 순교에 대한 여러 이론을 발전시켜왔기 때문입니다. 그들은 어떤 사람이 율법과 나라를 위해 순교하면 그 죽음을 하나님도 기뻐하신다고 믿었습니다. 당시의 어떤 문헌에도 "하나님은 한 사람의 영혼을 고귀한 제사로 여기신다"라고 단언하는 구절이 나옵니다.

하지만 예수님은 이방인의 억압에 맞서 나라나 율법을 지키시다 죽으신 게 아닙니다. 오히려 예수께서는 나라를 다스리는 자들이 압제자와 한통속이 되었기 때문에 죽으셨습니다. 초기 그리스도인들은 그러니까 일종의 협공 작전에 말려든 것입니다.

여기, 국가적으로 정죄를 받고 동족인 종교 지도자들에게 거부당한 누군가가 있습니다. 이제 당신이 초기 그리스도인이고 이것이 당신이 짊어져야 할 상징이라고 해봅시다. 그것은 무엇을 드러내는 상징입니까?

하나님 사랑과 자유의 증거

우리는 신약 성경에서 '하나님이' 십자가로 혹은 십자가를 통해 세상을 향한 자신의 사랑을 드러내시거나 입증하신다는 구절을 종종 만납니다. 예를 들어, 로마서 5장 8절이 그러합니다. "그리스도께서 우리를 위하여 죽으심으로 하나님께서 우리에 대한 자기의 사랑을 확증하셨느니라." 비슷한 내용이 디모데전서 2장에 나오고, 요한일서에는 여러 번 나옵니다. 하나님은 예수를 통해, 특히 예수의 죽음을 통해 우리에 대한 자신의 사랑을 '입증하셨습니다.' 요한복음은 더 나아가 예수의 죽으심을 그분의 '영광'이라고까지 말합니다. 예수가 죽을 때 하나님의 영광이 밝히 드러났습니다. 따라서 예수의 죽으심은 하나님이 우리를 사랑하신다는 증거이며, 또한 우리가 이야기하는 하나님이 어떤 분이신지를 드러냅니다.

요한복음 12장에서 예수님은 "내가 땅에서 들리면 모든 사람을 내게로 이끌겠노라"라고 말씀하십니다. 문맥을 보면 십자가에 못 박히실 것을 암시하실 때 말씀을 듣는 자들이 당혹해하고 충격을 받았음이 확실합니다. 초기 그리스도인들도 주변 세계의 기대 앞에서 뒤로 물러섰음을 보여줍니다. 그렇습니다. 십자가는 우리의 상징이면서, 또한 우리가 믿는 하나님이 어떤 분이신지를 드러내는 상징이기도 합니다.

그렇다면 예수의 죽으심으로 하나님의 사랑은 어떻게 드러났을까요? 십자가 처형은 어떻게 그런 상징이 될 수 있을까요? 누가복음 23장 34절과 베드로전서 2장 23절에 그 힌트가 있습니다. 누가복음에서 예수님은 십자가에 못 박히시면서 "아버지, 저들을 용서하소서"라고 하십니다. 그리고 베드로는 예수께서 욕을 당하실 때 보복하시지 않음을 우리에게 상기시킵니다. "욕을 당하시되 맞대어 욕하지 아니하시고."

여기, 폭력에 굴하지 않는 신적 사랑이 있습니다. 우리가 최악으로 치달을지라도 하나님을 우리에게서 멀리 떼어낼 수 없습니다. 하나님의 사랑을 말과 사역에 담아 전하는 자들을 거부하고 배척하며 죽일지라도, 그 사랑은 전부터 하던 일을 계속합니다. 십자가에 달려 죽으시는 예수님은 그분의 사역을 통해 우리가 줄곧 따랐던 그 예수님과 완벽하게 일치합니다. 그리고 이러한 일관성은 삶과 죽음에서 흘러나오는 사랑을 우리가 외면할 수 없음을 보여줍니다. 빌라도와 대제사장이 우리 모두를 대표해 예수 안에 계신 하나님을 위험한 경지로 내몰 때, 예수 안에 계신 그분은 부드럽지만 의연히 되밀면서 그분이 늘 하시던 대로 사랑과 용서, 치유를 베푸십니다.

그래서 십자가는 하나님 사랑의 초월적인 자유를 드러내는 표지입니다. 이 하나님의 행동 그리고 우리에 대한 그분의 반응은 우리가 하는 일에 좌우되지 않습니다. 당신은 하나님이 자기 성품에 반하는 행동을 하도록 함정에 빠뜨리거나 속임수를 쓰거나 강요할 수 없습니다. 당신은 원하는 것을 하겠지만, 그러나 하나님은 하나님이십니다. 그리고 그분이 사랑과 용서를 베푸시기 원하시면, 그것이 당신

> 십자가는
> 하나님 사랑의
> 초월적인 자유를
> 드러내는 표지입니다.

마음에 들든 들지 않든 그분은 그렇게 하실 것입니다. 그분은 자유로우시기 때문입니다.

그에 반해 우리 삶은 감정의 경제학emotional economics 같은 것에 지배당하기 일쑤입니다. '내가 너한테 그걸 주면 넌 나한테 이걸 줘야 해.' '내가 너한테 우정을 베풀면 너도 나한테 우정을 베풀어야 해.' '네가 나를 학대하니까 나도 너를 학대할 거야.' 이와 같은 것들입니다. 우리는 보복 행동의 악순환에 말려듭니다. 하지만 하나님은 거기에 말려들지 않으십니다. 즉 하나님은 자신이 하겠다고 하시면 그대로 행하십니다. 이에 대해 우리가 할 수 있는 일은 아무것도 없습니다.

전능하지만 연약한 하나님의 사랑

그것은 좋은 소식입니다. 우리가 무기력하기에 하나님의 마음을 바꿀 수 없다는 것은 좋은 소식입니다. 그리고 무척 잘된 일이기도 합니다. 우리에게 자비와 생명을 베푸는 일에만 초점을 맞추시기 때문입니다. 하나님은 우리의 죄와 실패를 항상 이겨내십니다. 하나님은 우리가 행한 일로 결코 진이 빠지지 않으십니다. 하나님은 언제나 거기 계셔서, 우리가 거듭 깨뜨리는 관계를 회복시키십니다. 그것이 십자가의 표지요, 자유의 표지입니다.

베드로전서 2장 21절은 "그리스도가 너희를 위하여 고난을 받으사 너희에게 본을 끼쳐"라고 말 합니다. 기독교 역사에서는 그리스 도의 십자가가 우리의 본이 된다는 일종의 '모범주의'exemplarism라는 전통 이 생기는데, 신약 성경의 이러한 측 면에서 비롯된 결과라고 봅니다. 예 수님은 보복의 악순환에서 벗어나셨

> 하나님의 사랑은
> 자유롭습니다.
> 또한 전능하면서도
> 연약하기 이를 데
> 없습니다.

습니다. 우리도 그럴 수 있고 마땅히 그래야 합니다.

그리스도는 자신이 당하신 능욕에 대해 보복하거나 되갚지 않았습니다. 우리도 그래야 마땅합니다. 십자가에 달리신 예수님 의 거리낌 없는 용서로 제자들의 반응이 달라지기 시작했음을 사 도행전은 보여줍니다. 최초의 순교자 스데반은 죽음을 앞두고 예 수께서 하신 말씀과 매우 유사한 말을 했습니다. 예수가 성부 하 나님께 하신 말씀을 스데반은 예수님께 합니다. "이 죄를 그들에 게 돌리지 마옵소서"(행 7:60).

예수께서 십자가에 달리셔서 죽으신 방식은 이미 그리스도를 믿는 자들이 따라야 할 본보기가 된 듯합니다. 그러므로 우리가 예수님처럼 폭력을 쓰지 않고 앙갚음하지 않는다면 우리는 동일 한 신적 사랑을 보이는 표지가 되는 셈입니다. 우리는 삶에서, 우 리의 화해 의지로 내가 믿는 하나님이 어떤 분이신지를 세상에 보

여쭙니다. 그분은 폭력과 앙갚음이라는 악순환에서 자유하신 하나님입니다.

그뿐 아닙니다. 십자가는 우리'에게', 또한 우리를 '위한' 본입니다. 십자가는 본보기를 말할 때 기대하는 본래의 의미에서 하나님 사랑의 '견본'^{sample}입니다. 하나님의 사랑은 이와 같음을 보여줍니다. 그 사랑은 자유롭습니다. 그렇기에 전능하면서도 연약하기 이를 데 없습니다. 언제나 자유롭게 극복할 수 있으므로 전능하지만, 세속적인 성공을 보장할 수 없기에 연약합니다. 하나님의 사랑은 힘과 조작, 출세가 작동하는 방식(우리를 사로잡고 있는 권세)과는 다른 질서를 따릅니다.

이로 말미암아 우리는 신약 성경이 말하는 것을 약간 넘어서 나아갑니다. 이것은 생각을 발전시키기에는 무척 자연스러운 방식이고, 기독교적 관점을 깊어지게 하는 데에도 매우 큰 힘을 발휘해 왔습니다. 우리는 이를 보며 하나님의 사랑은 힘없는 자들과 자신을 동일시하는 그런 사랑이라고 말합니다. 자신의 온전함에만 호소할 뿐, 강요하거나 난폭하게 다루려 하지 않는 그런 사랑입니다.

하나님의 사랑은 자기 모습 그대로 존재함으로써 살아 있고 살아남으며 승리합니다. 하나님의 사랑은 십자가 위에서 진면목이 드러납니다. 그 사랑은 효력 있고 세상을 바꾸며 땅의 기초를 흔들어놓습니다. 비록 그 순간에는 세상에서 사용하는 용어로는 실패와 공포, 죽음을 뜻하는 것처럼 보여도 말입니다.

　방어력 없는 하나님의 사랑, 즉 의지할 데라고는 자신밖에 없지만 그럼에도 전능한 사랑, 이것은 그리스도인에게 언제나 거대하고 강력한 개념이었습니다. 하나님의 약하심이 사람의 강함보다 강하다고 바울은 말했습니다(고전 1:25). 그런 사랑이 우리를 예수께로 끌어당깁니다. 우리를 위협할 수 없는 그런 사랑이기에 끌어당기는 힘이 있습니다. 우리가 여기에 대고 어떻게 아니요, 라고 할 수 있겠습니까?

　십자가의 이 측면을 매우 상세히 전개하며 숙고한 사람 중에는 12세기의 철학자이자 신학자였던 피에르 아벨라르Peter Abelard도 있었습니다. 그는 오랫동안 파리의 여러 학교에서 가르쳤고, 개인적으로 끔찍한 비극과 재앙을 겪었으며, 수사로 생을 마감했습니다. 예수님의 십자가 죽음이 자신에게 어떻게 영향을 미치는지 알았을 때 그 죽음은 거부할 수 없는 사랑을 예시한다는 생각을 처음으로 상세히 논한 사람이 아벨라르였습니다.

　기독교 신앙을 다룬 20세기의 위대한 소설 중에 헬렌 웨델Helen Waddell이 쓴 《피에르 아벨라르》Peter Abelard가 있습니다. 중세시대 분야의 걸출한 학자인 헬렌 웨델은 피에르 아벨라르와 그의 아내 엘로이즈, 그리고 그들 주변인을 깊이 파고들었는데, 이 책을 읽다 보면 당신은 12세기의 파리에 와있다는 느낌을 받습니다. 그들이 서로에게 이렇게 말했으리라고 확신할 정도입니다.

이 소설에서 두 장면이 인상적입니다. 하나는 수치와 깊은 절망에 빠진 아벨라르가 시골에 작은 외딴집을 지은 후 자기 삶을 다시 세우려고 애쓰는 장면입니다. 아벨라르의 제자 중 하나는 곁에 살면서 실생활에서 그를 돕고 미사에도 함께 참여했습니다. 어느 날 그들이 낚시를 마치고 돌아가는데 숲속에서 어린아이의 울부짖음 같은 소름 끼치는 비명이 들립니다. 그들은 부리나케 소리가 나는 쪽으로 뛰어갑니다. 가보니 올가미에 걸린 토끼가 빠져나오기 위해 고통 가운데 비명을 지르고 있었습니다. 둘은 올가미를 비틀어 토끼를 꺼낸 후 아벨라르는 팔을 구부려 잠시 눕히지만, 토끼는 이내 죽습니다.

그 순간 아벨라르는 세상에 빠르게 퍼지는 고통에 압도당하면서 공포를 느낍니다. 아벨라르 자신에게서도, 그가 아내에게 가한 고통에서도, 이 순진한 동물의 고통을 통해서도 이것을 보았습니다. 이때 제자 티보가 조심스레 말문을 엽니다.

"하나님 또한 이 고통 안에 계시네요."

아벨라르가 고개를 돌려 제자를 쳐다봅니다.

"고통 안에? 자네 말은 하나님도 우리처럼 고통을 당하신다는 건가?"

티보는 다시 고개를 끄덕입니다.

"그렇다면 하나님은 왜 고통을 멈추시지 않는 거지?"

티보는 근처의 나무를 가리킵니다.

거기 있는 저 다갈색 나이테, 그것은 나무 꼭대기에서 아래까지 쭉 걸쳐 있다. 하지만 나이테는 나무를 가로로 자를 때에만 볼 수 있다. 그리스도의 삶이 바로 그랬다. 우리는 그분의 삶을 통해 하나님을 얼핏 보았다. … 하나님은 영원히 그와 같다는 생각이 든다. 왜냐하면 그런 일은 그리스도와 함께 단 한 번 일어났기 때문이었다. 하지만 고통은 그렇지 않다. 괴로움도 최후에는 그렇지 않다. 우리는 그게 멈췄다고 생각한다.

_헬렌 웨델, 《피에르 아벨라르》

아벨라르는 티보에게, 세상의 모든 고통이 그리스도의 십자가였다는 의미냐고 묻자, 티보는 그렇다고 대답합니다. 십자가는 하나님과 고통이 결합되는 것을 목격할 수 있는 한 장면입니다. 하지만 실제로 이 둘은 언제나 접촉 상태에 있습니다.

아벨라르는 잠시 어리둥절해하더니 이내 가슴이 격하게 뜁니다. "오, 하나님, 그게 사실이라면 … 세상이 다시 온전해지겠군요." 실력 있는 학자가 그러는 것처럼 아벨라르는 이에 관한 책을 쓰려고 자리를 뜹니다. 그리고 아니나 다를까, 그는 자기 책 때문에 문제에 휘말립니다. 소설의 맨 끝에서 아벨라르가 여러 개념을 놓고 기도하며 계속 하나님과 씨름하는 모습이 나옵니다. 하지만 이번에는 멀리서만 볼 뿐입니다.

우리는 다시 노트르담 대성당의 참사회 회원이자 예전에 아벨라르의 절친한 친구였던 늙은 질^{Gilles}의 방으로 돌아왔습니다. 그는 나이 들었고 냉소적이며 쾌락을 사랑하지만, 마음씨는 아직도 따뜻하기 이를 데 없습니다. 그리고 그와 함께 있는 엘로이즈는 여교사이자 당시 아벨라르의 아내였습니다. 지금은 자신이 세운 수녀원의 원장으로 많은 존경과 사랑을 받고 있습니다. 엘로이즈와 아벨라르는 여러 번 서신을 주고받았지만 실제로 별 진전이 없었습니다. 그녀는 왜 그가 그런 식으로 가버렸는지, 왜 두 사람이 헤어져야 했는지, 그리고 왜 온갖 고통을 겪어야 하는지 아직도 전혀 이해할 수 없습니다. 질은 아벨라르가 보낸 편지를 자신이 보관하고 있다고 조카딸 엘로이즈에게 말합니다.

 "그분이 제 얘길 하던가요?" 엘로이즈가 묻습니다. 질은 '아직'이라고 답합니다. 엘로이즈는 창가로 시선을 돌립니다. 그녀가 돌아서자 결코 상상하지 못했던 장면이 연출됩니다. 늙은 참사회 회원이 눈물을 흘리는 것이었습니다. 엘로이즈는 질에게 다가갑니다.

 "울지 마세요, 사랑하는 삼촌. 울면 안 돼요. … 이제 다 끝났어요. 상처받을 일은 더 이상 없어요." 그녀는 하던 말을 갑자기 멈추고 이렇게 말합니다. "제가 방금 한 말 들으셨지요? … 전 이제 견딜 수 있어요. 삼촌 덕분이에요. … 왜 삼촌이 자신을 비통하게 만들면서까지 제 마음을 달래려 하는지는 모르겠지만 말이에요." 질이 엘로이즈를 보는데, "그의 눈에서 오래된, 뭔가를 헤아려 보려는 것 같은 빛이 어슴푸레하게 빛나고" 있었습니다. 그는 말합니다. "궁금한 게 있구나. 인간이 하나님께 여쭈어온 게 그것일까?"

많은 그리스도인에게 십자가가 다함없는 사랑과 함께 '연약한' 사랑을 보여주는 강력한 증거가 되는 이유가 바로 여기에 있습니다. "그게

> 십자가는 우리의 노력이나 생각과 무관하게 어떤 변화를 가져옵니다.

사실이라면 … 세상이 다시 온전해지겠군요." 중세시대의 사상가인 성 토마스 아퀴나스가 아벨라르 사후 백 년이 지난 어느 시점에 이와 매우 유사하게 말했음을 안다면 낯설고 다소 놀랍기까지 합니다.

아퀴나스는 말합니다. "십자가는 우리에게 사랑을 촉구한다. 그리고 이로 말미암아 우리는 용서 받는다." 십자가는 우리 안에 하나님과의 사귐을 만들어냅니다. 여기에, 십자가에 대해 숙고할 때 도움이 되는 매우 강력하고 감동적이며 참고할 만한 도구가 있습니다. 치욕과 따돌림의 상징, 실패의 상징이었던 것이 완전히 뒤집어져 독특한 자유의 상징, 곧 우리가 무슨 일을 하든지 하나님은 하나님으로 계시겠다는 자유의 상징이 됩니다. 하지만 그것은 위험성과 연약함의 상징이기도 합니다. 제가 말하는 하나님의 자유는 마땅히 그런 의미입니다.

하나님 용서의 상징

그렇다 하더라도, 십자가에 대해 모든 그리스도인이 그렇게 생각한 적은 결코 없었습니다. 왜 그럴까요? 만일 십자가가 경이로운 인간 행동의 본보기로만 비친다면, 그리고 자신이 확신하는 바를 위해 당당히 고난받을 각오를 하라거나 혹은 비폭력이나 비보복 원칙을 말하는 것이라고 주장한다면 그 자체로는 고무적이고 도전적인 (그리고 경종을 울리는) 일이 됩니다. 하지만 그렇게 되면 우리는 왜 십자가가 죄 용서와 어떤 식으로든 관련이 있는지를 알지 못합니다.

그렇기에 신약 성경에 기초해 추정한다면, 이것만으로는 결코 십자가 전부를 드러낸다고 할 수 없습니다. 십자가가 인간을 예수께로 끌어당기는 하나님 사랑의 본보기 혹은 '견본'이라고 하더라도, 십자가는 그저 우리의 생각을 바꾸어주는 것이라는 주장이 전부라면, 과연 이것이 우리 삶을 위한 새 창조나 새 지평이라는 개념, 그리고 우리 안에서 시작된 새로운 가능성이라는 개념을 진실로 정당하게 다룰 수 있을까요?

신약 성경은 더 많은 것을 말하고 싶어 합니다. 더 중요하게는, 예수님도 그렇게 하길 원하십니다. 마가복음 10장 45절에서 예수님은 "인자가 온 것은 섬김을 받으려 함이 아니라, 도리어 섬기려 하고 자기 목숨을 많은 사람의 대속물로 주려 함이니라"라고 말씀하십니다. 여기서 대속물이란 죄수나 인질을 그들의 굴레에서 벗어나게 해주는 지불금 같은 것입니다. 예수님은 자기 목숨을, 팔 물건으로 내놓으시기 위해 오셨는데, 이는 하나의 본보기일 뿐 아니라 우리의 행동이나 인식 이전에 이미 어떤 덫을 벗겨내는 일이기도 합니다. 십자가는 우리의 노력이나 생각과 무관하게 어떤 변화를 가져옵니다. 그것은 하나님과의 관계가 매우 획기적으로 바뀔 가능성을 의미하는데, 이는 우리의 결정에 달린 문제가 아닙니다.

그러므로 십자가를 '상징'sign이라고 하면 신속하게 그 의미가 전달되면서도 정서적으로 강력한 영향을 미칩니다. 하지만 유일하거나 종합적인 방식은 아닙니다. 십자가가 작용하는 방식을 언급할 때마다 우리는 양극단 사이에 놓인 무언가를 말합니다. 한쪽에는 뚜렷하고 객관적인 생각이 있습니다. 하나님이 무언가를 하신다는 것입니다. 그게 전부입니다. 다른 쪽에는 주관성이 있습니다. 십자가 사건으로 우리 각자는 다르게 느낀다는 것입니다.

성경 및 기독교의 모든 언어와 관례에서 이 양 극단은 서로 만납니다. 하지만 사람들이 십자가에 대해 숙고하는 방식은 하나같이 어떤 쪽을 지향합니다. 이번 장에서 말한 부분은 주관적 극단에 가깝습니다. 즉 십자가로 우리는 뭔가를 느끼고, 하나님과 우리 자신, 세상에 관해 우리가 생각하는 방식이 달라진다는 것입니다.

주 달려 죽은 십자가
우리가 생각할 때에
세상에 속한 욕심을
헛된 줄 알고 버리네.

이 찬송가를 지은 사람은 십자가를 '나의 영혼, 나의 삶, 나의 전부를 요구할 만큼 놀라운, 너무나 거룩한 사랑'을 드러내는 상징으로 보고 있습니다. 하지만 '나의 삶, 나의 영혼, 나의 전부'를 드릴 수 있는 '나의' 능력에 이 모든 것이 달려 있을까요? 십자가가 상징하는 바는 진정으로 인류가 거부할 수 없을 정도이며, 십자가는 저절로 온 세상을 원래대로 되돌려놓을까요? 세상 역사를 살핀다면 그렇게 보이지 않습니다. 확실히 이 문제는 그렇게 단순하지 않습니다.

하지만 바로 이 '상징'으로 인해 (신약 성경의 언어 측면에서 보자면) 우리가 하나님을 두려워할 필요가 없고 홀로 절망 속에서 고통스러워하지 않아도 된다는 사실이 입증되었고, 사람들에게 널리 알려졌으며, 우리의 두려움과 방어막이 무너졌습니다. 우리가 사는 세상 속에서 서로 소통하고 삶의 의미를 변화시키는 것이 바로 이러한 상징입니다. 상징은 사건이나 기호, 혹은 그림으로 표현되는 생생한 단어입니다. 그리고 다른 기호나 그림처럼, 우리가 속속들이 다 파악할 수 없는 차원에서 우리에게 말을 걸 때가 흔합니다. 예수가 못 박혀 있는 십자가상을 접하며 이를 무시하거나 지나칠 수 없었던 사례가 많았습니다.

19세기 프랑스에서 전해 내려오는 유명한 이야기가 있습니다. 한 젊은 육군 장교가 몇몇 동료와 내기를 했습니다. 파리의 큰 교회 중 한 곳에 가서, 생각나는 온갖 죄를 아주 생생하면서도 상세히 신부에게 쏟아내기만 하면 되는 조건이었습니다. 장교는 자신이 무척 똑똑하다고 생각하면서 그렇게 했습니다. 쇠창살 반대편에서는 긴 침묵이 흘렀습니다. 이윽고 사제가 입을 열었습니다. "사랑하는 형제여, 이제 교회 중앙으로 가 칸막이 위의 커다란 예수 십자가상 앞에 서십시오. 그 십자가상을 쳐다보면서 이렇게 말하세요. '당신이 저를 위해 십자가에 못 박히셨다고요? 그러거나 말거나.' 가능한 한 오랫동안 계속 그렇게 말하면 됩니다." 젊은 장교는 돌아가서 사제가 시킨 대로 하려고 했습니다. 하지만 그는 계속 그렇게 할 수 없었습니다. 그는 말없이 떠나 수도원에 들어갔습니다.

상징은 이런 차원으로도 역사할 수 있습니다. 따라서 우리는, 이를 둘러싼 지적 의구심과 문제가 있다고 해서 쉽게 포기해서는 안 됩니다.

20세기의 한 위대한 프랑스 신학자는 성주간에 "예수께서 스스로 상징체계의 일부가 되셨다"라고 말했습니다. 그분 스스로 하나님의 사랑을 상징하고 전하는 수단이 되셨습니다. 우리는 이번 장에서 이 부분을 곰곰이 생각해왔습니다. 그것 뒤에 그리고 그것 너머에는 신비, 곧 우리가 이미 다룬 몇몇 주제와 사실상 깊은 연관이 있는 신비가 남아 있습니다. 우리가 이 실패와 황량함에 나타난 전능하신 하나님의 자유로 눈길을 돌리면 온갖 종류의 이미지와 개념이 드러나기 시작합니다. 이때 십자가를 자유, 곧 하나님의 자유와 이에 따른 우리의 자유를 표현하는 상징으로 받아들인다면, 적어도 신약 성경에서 신비와 관련된 몇몇 이미지나 풍성한 비유에 대한 생각을 정리할 만한 기반이 닦이기 시작하는 것입니다.

묵상 질문

1. 당신이 초창기 기독교 신자라고 해보라. 십자가를 생각할 때 마음속에는 무엇이 떠올랐을까?

2. 십자가가 하나님의 자유를 나타내는 상징이라는 생각은 우리의 삶에 어떤 도움을 줄 수 있을까?

3. 지금까지 살아오면서 십자가가 내 삶의 방어막을 무너뜨린 순간이 있었는가?

2

제사

The sacrifice

"

율법은 장차 올 좋은 일의 그림자일 뿐이요 참 형상이 아니므로, 해마다 늘 드리는 같은 제사로는 나아오는 자들을 언제나 온전하게 할 수 없느니라. 이는 황소와 염소의 피가 능히 죄를 없이 하지 못함이라. … 그러므로 주께서 세상에 임하실 때에 이르시되,

하나님이 제사와 예물을 원하지 아니하시고,
오직 나를 위하여 한 몸을 예비하셨도다.
번제와 속죄제는 기뻐하지 아니하시나니
이에 내가 말하기를, (두루마리 책에 나를 가리켜 기록된 것과 같이)
하나님이여 보시옵소서, 하나님의 뜻을 행하러 왔나이다.

위에 말씀하시기를, 주께서는 제사와 예물과 번제와 속죄제는 원하지도 아니하고 기뻐하지도 아니하신다 하셨고(이는 다 율법을 따라 드리는 것이라). 그후에 말씀하시기를, 보시옵소서, 내가 하나님의 뜻을 행하러 왔나이다. 하셨으니, 그 첫째 것을 폐하심은 둘째 것을 세우려 하심이라. 이 뜻을 따라 예수 그리스도의 몸을 단번에 드리심으로 말미암아 우리가 거룩함을 얻었노라.
_히브리서 10:1, 4~10

"

우리는 앞 장에서 기독교 사상사 어느 시기에서든 십자가는 언제나 쟁점이 되었다는 점에 주목했습니다. 십자가 이전에 기독교는 없습니다. 신약 성경에서 나타나는 특정한 표현 방식을 보면 이 점이 더욱 분명해집니다.

그중 하나는 예수께서 '우리를 위하여' 혹은 '우리 죄를 위하여', '많은 사람을 위하여' 죽으셨다는 구절입니다. 이 표현은 신약 성경의 초기 문헌에서 발견됩니다. 가령, 마가복음에서 예수님은 자기 목숨이 많은 사람의 대속물(10:45)이라고 말씀하십니다. 베드로전서는 예수께서 "단번에 죄를 위하여 죽으사 의인으로서 불의한 자를 대신하셨[다]"(3:18)라고 합니다. 그리고 신약 성경에서 가장 오래된 신앙고백 요약이라고 할 만한 고린도전서 15장 3~4절은 이렇게 말합니다. "내가 받은 것을 먼저 너희에게 전하였노니, 이는 성경대로 그리스도께서 우리 죄를 위하여 죽으시고 장사 지낸 바 되셨다가 성경대로 사흘 만에 다시 살아나사."

바울은 기독교로 개종한 고린도 교우들에게 분명히 말하고

십자가 이전에 기독교는 없습니다.

있습니다. "믿음의 첫 세대인 그들이 내게 말한 것을 여러분에게 전합니다. 그들은 예수께서 우리 죄를 위하여 죽으셨다고 내게 말합니다." 기독교 최초의 성도들은 십자가에 몰두하는 것에 그치지 않습니다. 그들은 십자가가 뭔가를 위해 존재하고, 십자가 사건을 통해 초월적인 곳으로부터 우리에게 해방이 주어짐을 당연시하는 듯합니다.

여러 세대를 거치면서 그리스도인들은 그리스도의 죽음에서 일종의 '법적' 요소를 더 이야기하는 쪽으로 방향을 바꾸었습니다. 우리는 처벌받아 마땅하지만 그리스도께서 대신 벌을 받으셔서 우리는 법정에서 무죄로 풀려난다는 것이지요. 신약 성경 몇 군데에서 법적 용어가 나타나기는 하지만, 바울과 베드로가 사용한 언어는 우선적으로 법정이 아니라 성전에 관한 것이 아닐까 생각합니다.

1세기 당시 어떤 유대인이 예수께서 '많은 사람을 위하여', 죄 용서를 위하여 죽으셨다는 진술을 들었더라면 아마 그분의 죽음을 제사 제도와 먼저 관련지었을 것입니다. 하나님의 백성을 위하여, 재앙을 피하기 위하여 하나님이 계신 곳에서 피를 흘린다면 그것은 제사입니다. 따라서 제사 언어는 신약 성경에 매우 깊숙이 뿌리내리고 있습니다. 이번 장에서는 관련 구절을 하나하나 살펴보면서 이 언어가 사용되는 다양한 방식을 주목하겠습니다. 저는 제사 언어를 조금 압축하려고 합니다.

제사

구약 성경에서의 제사

제사 관련 자료는 구약 성경에 이미 엄청나게 많습니다. 한 종류가 아닙니다. 우리는 고대 세계의 제사를 단순하게 생각하는 경향이 있습니다. 동물 한 마리를 죽여 신의 오른편에 놓으면 된다는 식입니다. 하지만 구약 성경의 제사는 생각 외로 훨씬 복잡합니다. 예를 들어, 출애굽기 34장에 따르면, 당신은 장자를 구속하거나 되사기 위해 제사를 드려야 합니다. 새 세대가 처음으로 도래하면 그 생명은 위협을 받고 위험에 처합니다. 이때 그 자리에 어린 양을 바침으로써 그 생명을 '되사' 안전하게 해야 합니다.

제사에 관한 심사숙고로 가득한 레위기로 시선을 돌려봅시다. 레위기 3장은 화목제에 관한 내용이고, 4~7장에서는 속죄제를 다룹니다. 그리고 16장은 중하고 극적인 속죄일 의례를 설명합니다. 여기서 의례를 통해 전체 백성의 죄는 염소의 머리에 전가되고, 이 염소는 광야로 추방당합니다. 희생제물이 되는 것입니다. 레위기 17장 11절은 제물로 바친 동물의 피가 허물이나 죄를 '완전히 가린다'covers over고 말합니다. "생명이 피에 있으므로 피가 죄를 속하"기 때문입니다. 민수기 15장은 죄를 위하여 드리는 제사에 대해 거듭 언급합니다. 그리고 출애굽기 29장에는 성전의 지성소에서 날마다 아침과 저녁에 어린 양을 바치라는 명령이 나옵니다.

신구약 성경의 중간기에 유대인 사상가들은 날마다 어린 양

바치는 것을 이스라엘 역사의 초창기 사건, 즉 아브라함이 모리아 산에서 이삭을 제물로 바치려 할 때 하나님이 막으시면서 제물로 바칠 숫양(훗날 학자들은 수컷 어린 양이라고 말합니다)을 마련해주신 일과 연관시키기 시작했습니다. 그리고 사람들은 예루살렘 성전이 서 있던 곳이 아브라함이 아들 이삭을 제물로 바치려 했던 장소라고 믿었습니다. 그러므로 예루살렘 성전에서 아침과 저녁에 드리는 어린 양 제사는 이삭 대신에 희생제물을 주시고자 하나님이 개입하신 최초 사건의 재현이었습니다.

제사 언어를 보며 우리는 그 안에서 얼마나 많은 일이 일어나는지, 그 모두를 깔끔한 체계 안으로 밀어 넣기는 얼마나 어려운지 깨닫습니다. 면밀히 살펴보면 출애굽기와 레위기, 민수기가 동일한 문제에 매번 동일한 명령을 내리지 않는 것과, 오로지 이 책들에 기초하여 제사 제도를 탄탄하게 조직해 운영하려 할 경우 상당히 많은 문제에 직면함을 알게 됩니다. 물론 그들이 예루살렘 성전에서 날마다, 그리고 우리가 아는 한 매우 성공적으로 그런 제도를 운영하기는 했지만 말입니다.

이러한 모든 것을 지배하는 하나의 커다란 생각이 있습니다. 피 흘림과 함께 생명을 양도하는 것을 제사의 가장 극적인 순간이라고 할 때 제사는 하나님의 손안으로 넘겨지는 그 무엇이라는 사실입니다. 생명 혹은 피라는 선물은 어쨌든 한 개인 혹은 백성 전체의 죄나 질병, 무질서를 덮어줍니다. 그것은 죄의 결과를 없애줍니다. 죄 탓에 멀어진 하나님과의 관계를 회복시킵니다. 그것은 하나님과 세상의 실패 혹은 무질서 사이에 있는 선물입니다. 하나님이 주시는 이 선물은 생명과 피가 관련되어 있으므로 값비쌉니다. 그 결과 하늘과 땅 사이에는 평화와 소통이 회복될 수 있습니다. 제물로 바쳐진 동물은 요리되고 나누어져 식탁에서 공유됨으로써 제사가 하나님과의 사귐뿐 아니라 사람 사이의 교제 또한 회복함을 상징으로 나타냈습니다.

제사는 하나님의 분노와 불쾌감을 물리치는 선물임을 구약 성경의 언어로 확인할 수 있습니다. 제사는 하나님을 달래고, 하나님과 인간 사이에서 틀어진 모든 것을 바로잡으며, 또한 하나님이 예전처럼 세상과 적극적인 관계를 맺도록 함을 나타내는 신학 용어입니다.

가장 중대한 시점에서 제사는 (하나님과 하나님의 백성 사이에서) 언약, 즉 동맹을 맺거나 그것을 재확립하고 확정합니다. 제사는 하나님이 백성과 함께하시겠다는 약속을 상징합니다. 선물이 주어지면 하나님은 이에 답하여 죄를 완전히 가리실 뿐 아니라 또한 자기 백성이 있는 그곳에 함께하시겠다고 적극 약속하십니다. 그렇게 해서 동맹, 곧 하나님과 백성 사이에 체결된 조약이 갱신됩니다. 출애굽기(24:8)에서 우리는 다시 '언약의 피'에 관해 읽습니다. 하나님과 이스라엘 사이의 언약, 곧 모세가 확립한 언약은 그 피를 백성에게 뿌리는 제사로 봉인됩니다.

41

신약 성경에서의 제사

지금의 세상은 살아가기에 그다지 안락하거나 편안하지 않습니다. 동물 제사라는 개념은 괴이하고 어쩌면 불쾌하게 느껴질지도 모릅니다. 그리고 하나님을 진정시키기 위해 선물을 드린다는 생각은 우리가 신약 성경을 통해 아는 하나님과는 어울리지 않는 듯합니다. 그럼에도 신약 성경의 저자들은 제가 언급한 여러 모델을 다양한 시점에 사용합니다.

바울은 속죄의 언어를 매우 폭넓게, 즉 하나님과의 평화를 이루는 선물이라는 관점에서 사용했습니다. 이는 속죄일 의식, 희생양을 언급하는 것처럼 보입니다. 그리고 바울이 고린도전서 11장에서 암시한 것은 '언약의 피'가 분명한데, 최후의 만찬에서 예수님이 그와 같이 전하셨기 때문입니다. 신약 성경에서 난해한 본문으로 꼽히는 히브리서는, 예수님이 구약의 속죄일 의식을 어떻게 1년만 아니라 영원히 효력 있게 만드셨는지에 관해 매우 정교하게 묵상한 것입니다.

흥미롭게도 베드로전서와 요한계시록은, 두 책의 표현 방식으로 볼 때 아브라함과 이삭과 숫양을 넌지시 언급하는 듯합니다. 베드로는 창세전에 미리 알려지신 어린 양에 대해 말합니다(벧전 1:19-20). 한 번 읽으면 다들 모호한 문장이라고 인정하는 요한계시록은 "창세 이후로 죽임당한 어린 양"에 대해 이야기합니다

42

(13:8). 유대교의 해석 전통 중 하나를 보면, 아브라함이 이삭을 제물로 바칠 준비를 하지만 하나님은 이삭 대신에 어린 양을 주실 것이라고 합니다.

더 중요한 것은, 하나님이 (창세 이후로) 이미 이때를 위하여 어린 양이 죽임을 당하게 하셨다는 점입니다. 모리아산에서 아브라함이 이삭을 죽이려 할 때 하나님은 이미 이 행동을 내다보셨고, 미리 어린 양을 준비하신 후 산꼭대기에 신비롭게 나타나게 하셨습니다. 따라서 베드로와 요한계시록 저자가 창세전부터 죽임 당한 어린 양에 대해 말할 때, 이처럼 아브라함과 이삭을 언급한 것을 보면 유대교 현자들이 아케다*Akedah*(이삭을 묶는 것의 신비)라고 부르는 것을 생각했다고 봐도 무방합니다.

이것을 염두에 둔다면 신약 성경에서 예수님의 죽음을 어떠한 제사로 볼 것인지에 관해 정확한 이론을 세우기가 결코 쉽지 않음을 알 수 있습니다. 그렇기는 해도, 저는 신약 성경 저자들이 적어도 세 가지 정도의 이유로 그리스도의 죽음을 제사의 관점에서 보았다고 믿습니다.

첫째, 예수님의 죽음은 구조 작전이었기 때문입니다. 그분이 죽으신 것은 공포와 재앙, 고통, 고난, 처벌을 비켜가게 하기 위해서입니다. 그분의 죽음은 악한 행동과 악한 결과 사이의 고리를 끊습니다.

둘째, 신약 성경은 구약 성경과 마찬가지로 이 재앙과 공포가

그분의 죽음은
악한 행동과
악한 결과 사이의
고리를 끊습니다.

비단 개인이 직면하는 문제일 뿐 아니라 공동체 전체의 삶에도 영향을 미친다는 것을 당연시하기 때문입니다. 그런 까닭에 예수님이 '많은 사람'을 구하려 자기 목숨을 버린다고 말씀하실 때 그분은 제사를 통해 온 민족의 실패와 무질서, 불의를 다루는 측면을 언급하시는 것입니다(또한 이런 배경에서 우리는 대제사장 가야바가 요한복음 11장 50절에서 "한 사람이 백성을 위하여 죽어서 온 민족이 망하지 않게 되는 것이 너희에게 유익"하다고 한 말을 이해할 수 있습니다).

셋째, 이 모든 것 때문에 제사는 언약을 세우고 강화하는 수단이 되기 때문입니다. 제사는 하나님과 인간 사이의 평화조약인 동맹을 확정합니다. 제사는 공동체와의 관계에 헌신하시는 하나님의 실재를 세상 안으로 새롭게 가져오는, 새 인류 전체를 위한 근본적인 사건입니다.

신약 성경은 예수님의 죽음이 재앙을 막는 구조 작전이지만, 개인뿐 아니라 하나님이 모으기 원하시는 공동체 전체를 위한 구조 작전이라고 우리에게 이야기합니다. 예수의 죽음은 그가 부르시는 자들을 하나님이 돌보신다는 구체적이며 강력한 진리와 관련이 있음을 우리에게 말해줍니다.

순종으로서의 제사

피와 화해, '하나님 진정시키기'라는 말들이 아직도 불편하게 느껴질지 모릅니다. 놀랄 일이 아닙니다. 언뜻 보기에 하나님과는 썩 잘 어울리지 않는 묘사를 이 말들은 당연한 듯 여기기 때문입니다. 하지만 우리는 유대인 및 초기 그리스도인 조상들이 우리가 생각하는 정도로 어리석거나 도덕적으로 둔감하지 않았음을 이따금 잊어버립니다. 그들은 이미 이런 문제들을 파악하고 있었습니다. 유대인들은 신약 성경 시대 훨씬 이전부터 문제가 뭔지 알고 있었습니다. 그들은 하나님을 흡족하게 하려고 그분을 진정시키며 피를 쏟아야 한다는 식으로 말하면 안 된다고 이미 결론을 내렸습니다. 이는 틀림없이 하나의 상징, 하나의 비유입니다.

하지만 무엇을 위한 비유일까요? 신구약 중간기라는 매우 특별한 시기에 유대인들은 제사의 진정한 핵심은 '순종'에 있다고 생각하기 시작했습니다. 구약 성경에서도 이 부분을 직접 확인할 수 있습니다. 우리가 하나님께 드릴 수 있는 가장 큰 선물은 무엇일까요? 우리의 마음, 우리의 의지, 우리의 결정, 바꿔 말하면 우리의 순종입니다.

사무엘상 15장 22절은 "순종이 제사보다 낫[다]"라고 말합니다. 그리고 몇몇 예언서는 사람들의 행동을 바꾸는 데 아무 역할도 하지 못하는 제사 제도를 하나님이 못 견뎌 하신다고 전합니다. 선지자들은 백성에게 귀가 닳도록 말합니다. "여러분은 제물을 드리는 일에는 도가 텄습니다. 그런데 여러분 자신을 드리는 일에는 왜 그렇게 인색합니까?" 시편 50장 13절에서 하나님은 (매우 못마땅하다는 듯이) "내가 수소의 고기를 먹으며 염소의 피를 마시겠느냐?"라고 말씀하십니다.

그래서 유대인들은 우리를 난처하게 만드는 문자주의^{literalism}와 결별했습니다. 그리고 신구약 중간기에 순종과 제사의 결합이 폭넓게 전개됩니다. 이 시기의 현자들은 율법을 온전하고 충실하게 수행하는 것이 열납되는 제사를 드리는 길이라고 가르칩니다. 율법을 실천하고 하나님의 뜻을 행하는 일이 그분을 가장 기쁘시게 하는 선물이 된다는 것입니다.

앞에서 저는 당시의 한 유대인 작가의 말을 인용한 적이 있습니다. "하나님은 한 사람의 영혼을 고귀한 제사로 여기신다." 작가는 율법에 철저히 순종하여 자기 영혼을 드리는 이상적인 순종의 모습을 염두에 두었습니다. 그 시기에 일어난 박해에서처럼, 율법에 순종하다 보면 점령 세력에게 무자비한 죽임을 당하는 일도 더러 있었습니다. 하지만 요점은 우리 마음을 하나님께 드리는 것이 제사라는 단순한 사실에 있습니다. 그리고 이는 레위기의 제사들처럼 다른 이들의 죄를 덮어 가릴 수 있는 제사입니다.

흥미롭게도 유대교에는 이 전통이 살아있습니다. 유대교의 어떤 전통에서는 36명의 의인(자디킴^{Zaddikim})에 대한 잊히지 않는 이미지를 더러 소개합니다. 하시디즘®의 관점에서 그들은 대를 이어 세상이 계속 돌아가게 하는 사람들입니다. 우리는 그들이 누군지 모릅니다. 하지만 어쨌거나 세대를 막론하고 자신의 미덕과 기도로 세상을 떠받치는 누군가가 우리 주변에 있습니다. 하나님이 그들을 보고 "아직은 내가 세상을 버리지 않겠노라"라고 하실 만큼 삶으로 순종의 완벽한 본보기를 보이는 누군가가 있습니다. 우리는 알지 못하지만, 하나님의 노여움을 계속 유예하는 36명의 신비한 사람들에게 우리 모두가 빚을 지고 있습니다.

그것을 배경으로 예수님의 삶과 죽음을 조금 더 잘 이해할 수 있습니다. 예수님의 죽음은 그저 희생 제의로 드려진 게 아니기 때문입니다. 그분의 죽음은 성전이 아닌 황량한 언덕 꼭대기의 처형장에서 이루어집니다. 예수님의 제사는 순종의 제사입니다. 그분은 매 순간 마음을 하나님께 드려, 방해받을 일 없이 마음껏 하나님이 자신을 통해 일하실 수 있게 했습니다. 매 순간 예수님은 율법을 완성하셨습니다. 날마다 그날의 할 일 목록을 점검하는 식이거나, 선임하사의 명령을 마지못해 따르는 상병처럼 하는 것이 아니라, 하나님이 원하시는 바를 매 순간 행하셨습니다. 따라서 유대교 용어를 빌리자면, 예수께서는 십자가에 못 박히시기 전에 하나님을 만족시키는 방식으로 마음을 하나님께 드리면서 제사를 드렸다고 말할 수 있습니다.

●Hasidic Judaism 엄격한 유대교의 한 형태.

하지만 신구약 중간기 순교자들처럼, 순종은 죽음으로 이어졌습니다. 일편단심으로 마음을 성부께 드림으로써 예수님은 피를 흘렸습니다. 죄와 억압, 폭력이 판치는 이 세상에서 하나님께 순종하면 목숨은 바람 앞의 촛불처럼 매우 위태로워집니다. 이 세상에서 하나님께 마음을 드린다면 당신도 피를 흘리게 될지 모릅니다. 이 세상은 그렇습니다. 그런 이유로 신약 성경은 순종에 따른 대가로 예수님이 우리 대신 비용을 치르셨다고 말합니다. 그분은 우리를 되사십니다. 베드로전서와 갈라디아서 그리고 여러 책에 이와 관련된 말씀이 나옵니다. 이 생명은 십자가 위에서 값을 치릅니다. 이 생명은 죄가 완전히 가리도록, 평화가 회복되도록 하나님께 봉헌됩니다. 이것이 대가를 지불한다는, 즉 생명을 치르고 피를 흘린다는 의미입니다.

선물로서의 제사

이제 위험과 죽음과 연관된 논의에서 잠시 벗어나 보겠습니다. 지금까지 우리는 제사가 화해를 이루는 선물임을 확인했습니다. 또한 신약 성경에서 제사가 어떻게 새 공동체를 창조하고 재앙의 위협을 밀어내는지 살펴보았습니다. 우리는 완전한 순종의 삶을 사신 예수님이 어떻게 죽음에 이르렀는지, 그리고 그 죽음을 포함하여 무엇을 제사로 간주하는지 보았습니다.

　이 제사에는 훗날 기독교 신학이 받아들이게 될 또 다른 차원이 있습니다. 11세기 후반에서 12세기 초반까지 살았던 캔터베리의 안셀무스Anselm of Canterbury가 그중 한 사람이었습니다. 무엇이 하나님을 가장 기쁘시게 하는 선물일까요? 당시 신학자들은 틀림없이 순종이라고 답했을 것입니다. 순종이 실제로 주님을 기쁘게 하는 이유는 하나님이 세상을 들여다보실 때 거기에서 자신의 사랑과 영광, 아름다움이 나타나는 것을 보시기 때문입니다.

　순종은 벌떡 일어나 차렷 자세를 취하고 지시받은 것을 서둘러 수행하는 종류의 일이 아닙니다. 순종이란 하나님께 조화롭게 반응하여 그분이 자신의 생명을 우리를 통해 세상에 나타내시도록 하는 것입니다. 우리가 순종 가운데 하는 행동은 그분의 행하심을 보여줍니다. 간단히 말하자면, 하나님을 가장 기쁘시게 하는 것은 하나님입니다. 하나님은 자신의 아낌없는 사랑이 드러나고 자신의 아름다움이 되비치는 것을 즐겨 보십니다. 그러므로 하나님께 드리는 완벽한 선물, 즉 하나님이 정말로 좋아하실 선물은 하나님, 곧 자기 자신의 더없이 후한 사랑이 그분에게로 돌아오는 것입니다.

> 순종이란 하나님께 조화롭게 반응하여 그분이 자신의 생명을 우리를 통해 세상에 나타내시도록 하는 것입니다.

49

우리가 신약 성경의 몇몇 다른 구절들(요한복음, 고린도전서, 골로새서, 히브리서)로 눈을 돌리면 그리스도인들이 이미 더 깊은 신비를 향해 더듬어 나아가기 시작했음을 봅니다. 예수가 성부께 드리는 순종은 경건한 유대인의 순종과는 같지 않습니다. 그분은 더 깊이 나아갑니다. 예수의 순종은 하나님 사랑의 선물을 직접적으로, 끊임없이 그리고 완벽히 비추십니다. 예수의 순종은 성부께서 하시는 일을 지켜보고 성자가 '재연하는 것'playing it back입니다. 요한복음은 예수님이 아버지께서 하시는 것을 보고 그대로 하신다고 말합니다(5:19). 따라서 예수의 순종으로 영원하신 하나님의 사랑은 예수의 삶과 죽음에서 빛나 성부 하나님께로 돌아가는 길이 됩니다. 오직 하나님의 선물과 땅으로부터 응답에서 이러한 완벽한 조화가 나타납니다.

예수 안에는 인간의 생명을 매개로 하나님께 되비치는 신적 사랑의 행위가 있습니다. 우리는 제사에 대해 생각하다가 느닷없이 삼위일체와 성육신 교리 한가운데로 들어왔습니다. 제사에 대한 용어는 우리에게 사랑으로 응답하시고 주고받으시는 하나님을 보여주었습니다. 하나님은 사랑을 쏟아부으시고 그것을 되돌리십니다. 하나님은 외로운 독재자가 아닌 관계의 본체로서 우리가 당신 오른편으로 나아오길 기다리십니다. 예수님의 죽음으로 우리는 저 영원한 관계 속으로 들어갑니다. 말하자면, 성부는 자신의 사랑을 쏟아부으시고, 성자는 성부가 하시는 일을 지켜보고 그것을 재연하며, 성령은 우리가 지켜보고 사랑하면서 성부께 그렇게 반응할 수 있도록 하십니다.

긴 여정을 끝내고 하루를 마감하면서 자기 친구들과 빵을 떼고 포도주를 나누는 저 피곤하고 먼지투성이에 꾀죄죄한 사람에게서 발생하는 것과 같은 종류의, 방대하고 무한하며 영원한 현실이 예수님의 삶에서도 일어나는 것을 우리는 목격합니다. 중동의 어느 소작인의 삶에 대한 평범하고 일상적인 묘사를 보면 하나님이 세상에 오셨음을, 하나님의 사랑이 더없이 진실하고 활발해졌음을 알 수 있습니다. 그리고 먼지투성이 발을 한 저 갈릴리 사람이 십자가의 들보에 못으로 박히고 끈으로 묶일 때 우리는 다름 아닌 성 삼위 하나님을 봅니다. 하나님의 생명은 쏟아부어지고, 하나님의 생명은 사랑 안에서 아버지께 반사되었으며, 저 생명의 숨결, 곧 예수의 성령은 창조세계 끝까지 자유롭게 퍼집니다.

제 생각에는, 예수님의 죽음에 대한 성 안셀무스식의 논의 뒤에는 부분적으로 이런 유형의 이해가 놓여 있습니다. 그리고 그것은 이따금 오해를 받습니다. 이 논증의 핵심에는 하나님께 합당한 선물을 하나님께 드린다는 생각이 있습니다.

하나님 자신의 사랑 외에 어떤 선물이 하나님께 합당할까요? 우리는 원죄로 말미암아 할 수 없지만, 완전한 인간이자 완전한 신이신 예수는 하나님의 사랑을 그대로 하나님께 드립니다. 따라서 예수의 삶과 죽음은 성부 하나님과 성자, 성령의 영원한 진리를 인간의 언어로 옮긴 것입니다. 그리고 저 신적 생명이 세상에서 활동하고 구체적으로 드러나며 피부에 와 닿을 때 그것은 인간에 대한 정의를 바꿉니다. 하나님과 인간의 실패 사이에 인류를 위한 새 얼굴을 선보입니다.

한 성찬례 찬송에서는 이렇게 노래합니다. "성부를 보라. 그분이 기름 부으신 얼굴을 보라. 그리고 그분 안에서 발견되는 우리를 보라." 우리는 하나님께 이렇게 아뢸 수 있습니다. "우리의 실패를 보지 마소서. 주 하나님, 당신께서 인간을 이보다 더 크게 만드셨기에 우리가 실패 이상의 존재임을 당신은 아십니다. 사람답게 살려는 저의 비참하고 가련하며 무능한 투쟁보다 우리가 더 큰 존재임을 당신은 아십니다. 당신께서 완벽한 인간, 곧 인간 예수를 세상에 보내셨기 때문입니다. 그리하여 저 새로운 인간성과 연결되어 저는 당신과 화평을 이루고, 나의 죄는 용서받고, 상처는 치유받으며, 새 창조물로 살아갈 수 있습니다."

하나님은 자신의 완전하고 창조적인 사랑으로 그분만이 하실 수 있는 일을 했고, 세상과 당신과 저는 이로써 완전히 새롭게 출발하게 됩니다. 내가 노력한다고 해서, 혹은 생기 있고 참신한 생각을 많이 접했다고 해서 인간성에 이러한 놀라운 변화가 일어나지는 않습니다. 하나님은 인간을 가리는 덮개를 뚫고 나아가시고 인간 존재를 다시 만드시며 바꾸어 가십니다. 실제로 그런 일이 일어났습니다. 실패와 죽음을 포함하여 하나님께 전적으로 자기 삶을 드리며 살아감으로써 가능한 일이었습니다. 예수님은 새 인간성을 맞이하려고 그 기반을 다지셨습니다. 십자가라는 상징을 떠올리면 우리는 보복의 악순환에 갇혀 있을 필요가 없다고 앞 장에서 설명했습니다. 그리고 십자가를 제사로 생각한다면, 십자가를 둘러싼 생각이 아무리 복잡하더라도 이 새로운 가능성이 우리를 위하여, 우리를 대신하여, 많은 사람을 위하여, 우리의 죄를 대하여 객관적으로 이루어졌음을 알 수 있습니다. 이것이 우리의 출발점이었습니다.

이는 심히 불가사의한 영역입니다. 여러 상이한 문맥에서 제사와 관련한 엄청난 비유와 씨름하는 신약 성경 저자들을 주목하다 보면, 우리는 이 안에 상당히 많은 것이 있지만 이것을 제대로 파악하지 못한다는 생각으로 좌절할 것 같습니다.

하지만 제사의 언어는 예수가 무슨 일을 하는지, 예수가 누구인지를 증거합니다. 즉 땅에서 인류가 하나님께 신적 자유와 신적 사랑으로 바치는 선물이라고 말해주고 있습니다. 불의와 폭력이 판치는 이 세상에서 그토록 큰 희생과 고통으로 드려지는 저 선물은 세상의 실패를 덮어 가리고, 세상의 모습을 새롭게 하며, 화해를 이룹니다.

이는 불의와 공포의 세상에 살면서 삶의 여러 위험을 피해갈 수 있을 뿐 아니라 또한 새로운 정황에 놓이는 것을 뜻합니다. 재앙과 인간의 자기 파괴적인 하향 곡선은 하나님의 손에 붙잡히고 중단됩니다. 이제, 선물이 드려졌고 길이 열렸기 때문에 재앙은 사라지고 처벌은 해제됩니다. 히브리서의 저자는 이를 일컬어 그분이 "우리를 위해 열어 놓으신 새로운 살 길"(10:20)이라고 표현합니다. 이제 가시, 덤불, 구름, 폭풍 같은 분노의 힘, 그리고 괴로운 마음은 제거됩니다. 우리가 인간성을 회복하고, 하나님 및 타인과 화해를 이루는 저 살아 있는 길을 따라 움직일 때 성장이 가능합니다.

초기 그리스도인들이 제사 용어에 관심을 기울였음은 그리 놀라운 일이 아닙니다. 그들은 이것이 단순한 문제가 아님을 알았고, 우리가 느끼는 문제들을 잘 알았습니다. 그들은 현대의 그리스도인이 십자가를 대할 때보다 미묘한 차이를 더 많이 느꼈고 훨씬 자세한 부분까지 파악하고 있었습니다. 그들은 제사가 방대하고 풍성한 비유임을 알았고, 예수님의 순종에 대해 이해할 수 있는 더 나은 방식을 떠올리기 어려웠습니다. 그들은 예수님이 우리를 위하여 고난받으셨다고, 실로 우리 대신에 고난받으셨다고, 인간의 악과 죄로 말미암은 결과를 자신에게로 끌어당기셨고, 인간 세상의 끔찍한 파괴적 성향을 스스로 받아들여 그것을 자기 자신 안에 흡수하셨다고 굳게 믿었습니다.

따라서 우리는 사람들이 '대속'(예수님이 우리 대신 고난 받으신 것)에 관해 이야기하는 것을 잘 생각해보아야 합니다. 물론, 단순히 예수께서 우리가 받을 형벌을 담당하신다는 내용만 있는 것처

제사

럼 생각해선 안 됩니다. 이는 일부분이지 전체는 아닙니다. 더 완전한 의미에서, 제가 설명하려 했던 제사의 세계는 단언하건대 신약 성경 저자들의 마음에 더 가깝습니다.

우리는 1장에서 예수님의 십자가를 상징(하나님이 어떤 분이신지를 매우 효과적으로 전달하는 수단)으로 받아들인 후에, 제가 기술한 관심사를 따라 주관성에 초점을 맞춘 묵상으로부터 우리의 반응 및 이해와는 구별된 것까지 조금씩 이동해왔습니다. 우리는 예수님의 십자가가, 내가 여기서 무엇을 하는지에 관한 것이 아닌, 하나님이 무엇을 하시는지에 관한 것이라고 말해야 하는 데까지 왔습니다. 그리고 이와 관련하여, 우리가 구약 성경에서 속죄에 관해 읽을 때마다 동사 '속죄하다'atone의 대상은 언제나 인간이라는 사실에 주목할 필요가 있습니다. 제사장은 제사를 수행함으로써 속죄합니다.

하지만 신약 성경에서 주어는 하나님이십니다. 하나님은 우리를 통해 일하시고, 우리를 위해 행동하시면서 우리와 화해하십니다. 그것은 우리 밖에서 일어나는, 우리가 감당할 수 없는 하나님의 행동입니다. 그것은 하나님이 성취하신 그 무엇입니다. 다음 장에서 살펴보겠지만, 그런 까닭에 신약 성경 또한 승리의 언어로 십자가에 대해 말합니다.

묵상 질문

1. 구약 성경이나 신약 성경에 나오는 제사에 관한 이미지나 구절에서 당신에게 영감을
   주었던 것이 무엇인가?

2. 예수님이 자기 마음을 순종의 제사로 하나님께 드린 것이 당신에게는 어떤 메시지를
   전해주는가?

3. 십자가가 선물이라는 가르침은 우리의 삶을 어떤 식으로 새롭게 하는가?

3
승리

The victory

"

지금 내 마음이 괴로우니 무슨 말을 하리요 아버지여 나를 구원하여 이때를 면하게 하여 주옵소서. 그러나 내가 이를 위하여 이때에 왔나이다. 아버지여, 아버지의 이름을 영광스럽게 하옵소서 하시니 이에 하늘에서 소리가 나서 이르되 내가 이미 영광스럽게 하였고 또다시 영광스럽게 하리라 하시니 곁에 서서 들은 무리는 천둥이 울었다고도 하며 또 어떤 이들은 천사가 그에게 말하였다고도 하니 예수께서 대답하여 이르시되 이 소리가 난 것은 나를 위한 것이 아니요 너희를 위한 것이니라. 이제 이 세상에 대한 심판이 이르렀으니 이 세상의 임금이 쫓겨나리라. 내가 땅에서 들리면 모든 사람을 내게로 이끌겠노라 하시니 이렇게 말씀하심은 자기가 어떠한 죽음으로 죽을 것을 보이심이러라.

_요한복음 12:27~33

"

마가복음은 예수님이 '큰 소리'를 지르시고 죽으셨다고 전합니다(15:37). 하지만 네 번째 복음서의 저자는 그 말이 어떤 단어였는지 밝힙니다. 예수님은 "테텔레스타이"*tetelestai*라고 외치며 숨을 거두십니다(요 19:30). 이 말은 "다 이루었다"라는 뜻입니다. 임무가 완료된 것입니다.

테텔레스타이는 십자가가 승리라는 깊은 의미를 내포합니다. 목숨을 건 투쟁 끝에 예수님은 승리자로 나타나셨습니다. 여기에 네 번째 복음서의 특징이 나타나는데, 요한은 이미 우리를 위해 발자국을 남겨 놓았습니다. 12장에서 우리는 이 세상의 임금이 쫓겨나는 이미지를 만납니다. "이제 이 세상에 대한 심판이 이르렀으니 이 세상의 임금이 쫓겨나리라. 내가 땅에서 들리면 모든 사람을 내게로 이끌겠노라"(요 12:31~32).

투쟁이 일어나고 이 세상 임금, 곧 인간을 지배하는 악의 세력은 쫓겨나거나 거꾸러지거나 추방당합니다. 이 언어는 요한복음 14장 30~31절에서 되풀이되는데, 여기서 다시 한 번 승리, 곧 십자가 위에서의 투쟁이 완결되는 조짐이 나타납니다. 예수님은 최후의 만찬에서 이렇게 말씀하십니다.

이 후에는 내가 너희와 말을 많이 하지 아니하리니, 이 세상의 임금이 오겠음이라. 그러나 그는 내게 관계할 것이 없으니, 오직 내가 아버지를 사랑하는 것과 아버지께서 명하신 대로 행하는 것을 세상이 알게 하려 함이로라. 일어나라, 여기를 떠나자 하시니라.

투쟁은 임박했지만, 이 세상 임금은 처음부터 실패가 예정되어 있었습니다. 그리고 마지막 구절에서 예수님은 제자들에게 마지막 전투의 증인이 되라고 요청하십니다. 최후의 만찬 문맥인 16장 33절에서 비슷한 내용이 다시 나옵니다. 예수님은 자기 친구들에게 이렇게 말씀하십니다. "세상에서는 너희가 환난을 당하나 담대하라! 내가 세상을 이기었노라."

이 모든 요한복음 본문은 십자가가 승리라고 이야기합니다. 어떤 의미에서는 승리가 이미 예수님의 삶에서 쟁취되었습니다. 그분은 이기셨습니다. 주님은 매 순간 거리낌 없는 사랑과 헌신, 순종으로 자신을 하나님께 드렸고, 세상의 필요에 부응하셨습니다. 이미 승리는 획득했습니다. 성금요일에 일어난 마지막 투쟁의 결과 역시 이미 정해졌다고 말할 수 있습니다. 저 마지막 사건을 둘러싸고 나타나는 온갖 공포와 고통, 폭력에 대해, 그 결과가 어찌될 것인지는 예수님 특유의 삶을 통해 이미 확립되었습니다. 예수님이 십자가를 순종의 일환으로 받아들이신 것은 수난을 하나의 행동으로 바꾸시는 그분의 방식을 보여줍니다. 말하자면, 자신의 수동적이고 다른 이의 손에 맡겨지는 듯한 경험을 하나님이 세상 속으로 물밀 듯 들어오시도록 하는 능동적인 경험으로 바꾸신 것입니다.

희생자가 승리자로 바뀌다

테텔레스타이는 '다 이루었다', '다 끝났다'라는 뜻입니다. 십자가는 삶에 독특한 방식으로 인을 찍는 것입니다. 그 삶은 폭력이나 조작, 지배와는 거리가 먼 삶, 섬김을 받기 위해서가 아니라 섬기려고 오신 인자의 삶, 연약한 인간 안에서 살과 피가 된 하나님의 일하심을 의미합니다.

예수님의 삶에 나타난 그분의 생명과 사랑 앞에 서면 죽음조차도 초라해집니다. 그런 까닭에 성경의 마지막 책인 요한계시록으로 가면 우리는 거기서 하나님과 어린 양을 함께 향하고 그 이름을 부르는 승리의 노래를 다수 발견합니다. 하나님과 희생 제물, 그들은 함께 승리를 거두셨기에 찬양과 경배를 받으시기에 합당합니다. 죽임당하신 어린 양은 찬양받으시기에 합당합니다. 어린 양은 이기셨습니다. 일련의 역설적이고 도전적인 이미지에서 요한계시록의 저자는 자신이 이야기하는 대상이 얼마나 특이한지를 강조합니다. 다리가 묶여 푸줏간의 평판平板에서 죽임당하는 무

61

력하고 털로 뒤덮인 피조물인 어린 양, 이 어린 양이 승리의 정복자가 됩니다. 적에게 사로잡힌 자를 풀어주시고, 적의 영토에 최후의 일격을 가해 죽음과 악에 사로잡힌 자들을 다시 데려오시는 분이 다름 아닌 어린 양입니다. 요한계시록 5장 9절에서 어린 양은 이기셨고 우주적 승리를 거두셨습니다. 5장 13절에서 다시 어린 양은 정복하셨고 우리를 자유의 몸이 되게 하셨습니다. 희생자가 승리자로 바뀌었습니다.

이제 우리가 잠시 살펴볼 신약 성경의 골로새서 2장에도 몇몇 동일한 언어가 나타납니다. 예수님의 십자가로 우리는 풀려났고 적은 묶였습니다. 2장 13절에서 시작되는, 짧지만 매우 난해한 구절을 읽어보겠습니다.

또 범죄와 육체의 무할례로 죽었던 너희를 하나님이 그와 함께 살리시고 우리의 모든 죄를 사하시고, 우리를 거스르고 불리하게 하는 법조문으로 쓴 증서를 지우시고 제하여 버리사 십자가에 못 박으시고, 통치자들과 권세들을 무력화하여 드러내어 구경거리로 삼으시고 십자가로 그들을 이기셨느니라(2:13-15).

그리하여 지음 받은 인간의 적들은 묶이고 창피를 당합니다. 전쟁 포로들처럼 그들은 승리를 거둔 사령관의 전차 바퀴에 묶여 끌려다닙니다. 여기서 적나라하게 사용된 언어는 승리를 거둔 로마제국의 그것과 같습니다. '무력화하여'^{disarmed}로 번역된 단어는 글자 그대로 십자가에 달리신 예수님이 우리를 노예로 만드는 세력들의 영향력을 폐기하고 잘라내며 던져버리신다는 점을 강조합니다. 마치 옷을 훌훌 벗듯이 그리스도는 우리를 계속 비인간화하는 저 세력의 무거운 영향력을 훌훌 털어내십니다. 그리고 십자가 위에서 예수님이 못 박히셨듯 그분의 죽음으로 취소된 거래 장부 또한 비유적으로 못 박힙니다. 그분은 우리가 진 빚을 청산하셨습니다. 못 박히신 그분을 볼 때 우리 눈앞에는 두려움과 죄 가운데 지고 있던 모든 빚 위에 빨간 줄이 그어지고 못 박히는 장면이 펼쳐집니다.

신약 성경에서 승리의 언어가 제사 언어만큼 널리 쓰이지는 않을지라도, 그 언어는 틀림없이 매우 생생하게 사용되며, 역설처럼 짓궂게 들리기도 합니다. 우리는 도살당하신 어린 양의 승리를 노래하는 일에 익숙하지만, 어린 양이 슈퍼히어로로 등장하는 모습에서는 익살스러운 부분도 있습니다. 저는 요한계시록의 저자가 이를 알고 있지 않았을까 생각합니다.

> 그리스도는 우리를 계속 비인간화하는 저 세력의 무거운 영향력을 훌훌 털어내십니다.

요점은 제가 이미 강조해 왔습니다. 1장에서 보았듯이, 십자가를 받아들이고 수난을 행동으로 바꾸면서 예수님은 완전한 상실의 위험을 사전에 받아들이심으로써, 신적인 자유의 깊이와 범위를 드러내셨습니다. 2장에서 보았듯이, 예수님의 본체, 예수님의 사역 그리고 예수님의 고난으로 이제 하나님과 인간 사이에는 장애물이 사라졌습니다. 우리와 하나님 사이에 끼어들려는 모든 세력은 곧 휩쓸려갑니다. 따라서 우리와 하나님 사이에서 자신의 방식대로 밀고 나가려는 어떤 힘이나 영향력, 장대한 흐름, 삶의 패턴, 즉 '난 하나님이 무얼 원하시는지 알기 때문에 여러분은 그걸 따라야 한다'는 식의 행동은 의구심을 가져옵니다. 대신에 우리는 예수님의 삶의 방식, 예수님의 자유, 곧 율법보다 크고, 우리를 성 삼위일체의 핵심으로 끌어당기는 은혜 안으로 휩쓸려 들어갑니다. 그리하여 세상 나라는 우리 하나님과 그분이 기름 부으신 자의 나라가 됩니다(계 11:15).

여러분이 예상하듯이, 이제 이 말씀은, 당연히 신약 성경의 여러 시점에서 부활 사건과 연결됩니다. 그러나 저는 이 장을 시작하면서, 이것이 승리의 해피엔딩인 부활뿐 아니라 십자가에 대한 언어임을 강조하고 싶었습니다. 올라감과 내려감의 본보기는 에베소서 4장 8절과 그다음에서 발견할 수 있습니다. 구세주는 버림받은 세상의 밑바닥까지 내려오셔서 온갖 현실을 몸소 하나님께로 가져오십니다. (골로새서처럼) 정복자의 행진에서 다수의 포로들과 인류의 적들, 곧 악마의 세력들을 이끄시는 것입니다. 하지만 골로새서의 바울과 마찬가지로 요한계시록의 저자에게도 승리는 이미 십자가에서, 그리고 사실상 삶에서 이미 결정되었습니다. 삶과 죽음, 부활은 같은 종류입니다.

이런 생각은 십자가를 떠올릴 때 특히 중요합니다. 사람들은 말합니다. "과거에 기독교가 예수님의 사역과 가르침은 건너뛰고 서둘러 십자가로 직행한다는 인상을 준 것은 이상한 일이 아닌가요?" 사도신경에서 "동정녀 마리아에게서 나시고"와 "본디오 빌라도에게 고난을 받아" 사이에는 아무 일도 없지만, 복음서는 실제로 꽤 많은 일을 언급합니다. 이 모든 복음서의 내용은 십자가가 단순히 생을 마감하신 사건 정도가 아니라, 그분이 평생 추구하셨던 것의 완성임을 보여줍니다. 자신을 하나님과 타인, 곧 이웃에게 전적으로 바친 이 삶을 죽음이 가두어둘 수 없습니다. 따라서 삶을 이해하지 않고서는 십자가를 완전히 이해할 수 없습니다.

승리는 이미 십자가에서 결정되었습니다. 승리는 이미 삶에서 결정되었습니다. 그래서 부활 역시 어떤 사후적인 생각의 정리가 아니라, 언제나 진실이었던 것을 드러낸 사건이라고 할 수 있습니다. 부활은 줄곧 역사해온 사랑의 온전함, 불멸성을 내보입니다. 부활은 추가 선택 항목이나 해피엔딩이 아닙니다. 부활은 예수님이 어떤 분이

> 부활은 예수님이
> 어떤 분이고
> 어떤 일을 하는지
> 그 본질적 실체가 필연적으로
> 터져나온 것입니다.

고 어떤 일을 하는지, 그 본질적 실체가 필연적으로 터져나온 것입니다.

부활의 완전한 빛 가운데서 이 이야기가 전적으로 누구에 관한 것인지 파악할 때 비로소 우리는 엠마오로 가는 길에서 제자들이 목격한 것을 정확히 볼 수 있습니다. 그것은 필연적이고, 모두 잘 들어맞습니다. 동정녀 마리아의 자궁에서 시작된 생명은 갈릴리 사역에서 꽃을 피우고, 십자가에서 끝나며, 부활에서 다시 발산됩니다. 그것은 하나의 이야기입니다.

승리자 그리스도의 십자가

십자가의 승리는 시작부터 초대 그리스도인을 크게 매료시키고 영향을 주었습니다. (1장에서 언급한 벽에 긁힌 풍자 그림과는 달리) 십자가에 못 박힘에 대한 초기 그림들은 승리를 거두신 그리스도에 대한 이미지가 분명 많습니다. 초기의 묘사들은 인간으로서 당한 순전한 고통은 별로 강조하지 않았습니다. 이는 예수님의 삶과 죽음에서 진행 중이었던 일을 부활의 관점에서 본 사람이 그렸기 때문입니다. 기원후 대략 10세기가 지나서야 비로소 십자가 못 박힘에 대한 사실적 표현이라고 할 만한 것을 접하기 시작합니다. 저는 이것이 예수님의 고난을 회피한 것이라거나 고통스러운 사실을 마주하지 않으려고 한 결과라고 생각하지 않습니다. 처음 사람들은 십자가에 못 박힌 사람이 어떤 모습일지를 정확히 알고 있었습니다. 그리고 당시에는 그렇게 십자가에 못 박힌 사람을 승리자요 자유자로 묘사한 일은 단순히 경건한 비유 정도가 아니라, 고정관념을 박살 내는 막강한 개념이었습니다.

이 언어가 나타나는 곳은 사진과 조각, 그림에 그치지 않습니다. 가장 오래된 기독교 찬송가 몇몇도 이것을 사용합니다. 수난절 찬송가 중 가장 위대하고 잘 알려진 두 곡은 이 전통에서 유래합니다. 둘 다 로마의 정치 세력이 알프스를 가로질러 후퇴하던 당시 갈리아 주교인 베난티우스 포르투나투스가 썼습니다.

"임금님 높은 깃발 앞장서 가니, 십자가 깊은 신비 빛을 발하네." 해가 바뀔 때마다 이 찬송을 처음에 부르면서 우리는 예수 수난절의 진정한 시작을 맞이합니다. 그러고 나서 위대한 성금요일 찬송이 뒤따릅니다. "나의 혀여, 영광스런 이 싸움을 찬미하라, 싸움이 끝났음을 찬미하라."

베난티우스는 로마 군단의 위용이 어떠한지, 로마 군단의 병사들이 부르는 행진가의 곡조가 어떠한지 알고 있었습니다. 그는 병사들이 부르는 행진가의 집요하고 느릿느릿한 박자에 맞춰 이 찬송들을 지었습니다. "임금님 높은 깃발 앞장서 가니, 십자가 깊은 신비 빛을 발하네"*Vexilla regis prodeunt, fulget crucis mysterium*. 전투화를 신은 큼직한 두 발로 갈리아의 길을 따라 걸으며 내는 또닥또닥 소리에

귀를 기울여보십시오. 그리스도의 군대를 위한 행진가인 "노래하자, 성체 보혈"*Pange lingua gloriosi*이라는, 또 다른 단호하고 느릿느릿한 박자는 고전 라틴어 작가들의 마음을 크게 흔들어놓았을 것입니다.*

　여기 사용된 언어는 왕권으로서의 십자가, 우리 가운데 계시는 하나님의 왕권과 관련되어 있습니다. 그러나 베난티우스는 이제 십자가가 군단의 깃발을 대신한다고도 생각합니다. 그리스도는 이방인이 아닌 인류의 적을 상대로 한 전투에서 그리스도의 군대인 우리를 이끌어 앞으로 나아가게 하십니다.

　훗날, 이 찬송가의 역사와 이미지에는 그늘이 깃든다는 말씀은 꼭 드려야겠습니다. "임금님 높은 깃발"은 십자군이 즐겨 부르던 찬송이었는데, 이는 그들이 원곡의 요점을 놓쳤음을 보여줍니다. 베난티우스는 주위에 로마 군대가 없었기에 그리스도의 군대에 대한 글을 쓸 수 있었습니다. 로마 군대가 혼란에 빠져 내부 경계선으로 후퇴하면서 기억 속으로 사라졌기 때문입니다. 베난티

●**저자 주** 여담이지만, "임금님 높은 깃발"에는 매우 특이한 표현이 있는데, 이를 눈치챈 분도 있을 것입니다. "다윗이 옛날 완전한 예언의 노래로 말한 모든 게 성취되었네. 그는 말했네, 하나님이 나라들 가운데서 나무로부터 통치하시고 승리하셨네." 많은 사람은 다윗이 자신의 예언 노래들, 즉 시편 어디에서 정확히 그것을 말했는지 궁금해했습니다. 답은 이렇습니다. 헬라어 구약 성경에서 누군가가 "주님은 왕이시다"를 "주님이 다스리셨다"라고 오역했습니다. 그리고 어떤 이유에서인지 헬라어 번역가는 '목재로부터' 혹은 '나무로부터'를 뜻하는 '아포 실로'*apo xylo*라는 단어들을 덧붙였습니다. 무슨 생각으로 그가 그렇게 했는지는 아무도 모릅니다. 어쩌면 그가 곡조를 중단하거나 변화를 줄 때 사용했다고 추정되는, 시편에 나오는 히브리 단어 '셀라'*selah*를 헬라어 '실로'*xylo*로 옮겼을지도 모릅니다. 물론 장담할 수는 없습니다. 하지만 여러분은 초기 그리스도인들이 어떻게 이것을 섭리에 따른 번역으로 간주하였는지 떠올릴 수 있을 것입니다. 이는 성령님이 허락하신 의기양양한 실수 중 하나입니다. '하나님은 나무로부터 다스리셨다.'

우스가 이야기하는 깃발 혹은 연대의 기旗인 벡실라vexilla는 실제 부대의 깃발이 아닙니다. 원래, 이 찬송가는 승리하신 어린 양과 마찬가지로 창조적 역설을 전하려는 의도가 있습니다.

베난티우스 다음에 한두 세기가 지나 앵글로색슨 잉글랜드에서는 ('십자가 환상'을 뜻하는) 〈십자가의 꿈〉이라는 앵글로색슨 시의 위대한 걸작 중 한 편에서 훨씬 더 생소한 이미지가 발견됩니다. 거기서 그리스도, 곧 "전능하신 하나님이신 저 젊은 챔피언"이 자신의 말 위에 올라타는 영웅처럼 십자가에 올라가십니다.

이 모든 다채로운 이미지는 중세 시대에 오랫동안 유익한 열매를 맺습니다. 그리고 그것은 (아마도) 기원 후 4세기에 시작되는 승리 전통의 다른 표현에 의해 영양분을 공급받기도 합니다. 이 전통은 그리스도께서 "가서 옥에 있는 영들에게 선포"(벧전 3:19)하셨기에 '지옥의 정복'harrowing of hell이라고 불립니다.

초기 그리스도인들은 이에 대해 더 알고 싶었습니다. 그래서 그들은, 그리스도께서 죽으신 후 죽은 자들 가운데로 내려가서서, 그분이 오시기 전의 오랜 인류 역사 속에서 인간성이 감금되거나 좌절되

> 그 빛 가운데서 큰 목소리가
> 루시퍼에게 말했네.
> 이 궁전의 임금들은
> 빨리 문들을 열어라.
> 여기 면류관을 쓰신
> 영광의 왕께서 오신다.

거나 거부당한 자들을 찾아 나섰다고 상상했습니다. 흔히 빌라도

행전으로 불리는 4세기의 텍스트는 성토요일에 지하 세계에서는 어떤 일이 일어났는지 묘사합니다. 착한 강도Good Thief는 자신의 목격담을 들려줍니다. 극적인 이 이야기의 요점은 옥에 갇힌 영혼들 가운데 있는 버림받은 자들, 곧 악마가 자신의 당연한 권리로 긁어들인, 저 사로잡히고 패배당한 인간들을 그리스도께서 찾아 나섰다는 것입니다. 그들은 악마에게 속한 것이 아닙니다. 그들은 하나님의 소유물입니다. 이미지는 적진에 대한 공격이 성공을 거두면서 인질들이 풀려나 집으로 돌아오는 것을 그립니다.

제가 40년 전쯤 처음으로 신학을 가르치기 시작했을 때 인질을 석방하려고 지옥을 급습한다는 이미지가 시대에 조금 뒤쳐진다는 느낌이 들었습니다. 그런 이미지가 다시 한 번 시대적 관심사가 된 것은 세상이 아직도 구속의 십자가를 절실히 필요로 한다는 증거입니다. 지금 인질들과 죄수들이 처한 곤경이란 것이 무엇인지 우리는 알고 있습니다. 그들을 구출하기 위한 급습의 위험과 문제점을 따지는 것이 어떤 일인지 우리는 알고 있습니다. 그것은 더 이상 낡고 이상한 일이 아닙니다. 중세 초기에 그것은 결코 탁상공론이 아니었습니다. 미술과 시와 연극에서 이처럼 특정한 방식으로 십자가의 승리에 대해 생각하는 분위기는 어디서나 느낄 수 있었습니다.

여러분은 주님이 그 위에 십자가가 있는, 좁고 기다란 삼각기三角旗를 들고 계시는 작품을 만나기도 합니다. 그것은 그분이 거두신 승리의 상징입니다. 주님은 그 삼각기, 즉 정복자의 깃발을 죽음의 왕국에 꽂으시기 위해 가져가십니다. 적의 심장부를 급습하는 이 일은 부활에 관해 동방정교회가 표현하는 지배적인 이미지이기도 합니다. 동방정교회 그리스도인들에게 부활절의 주요 성화icon는 부활절 아침 그림이 아니라 성토요일 이미지입니다. 십자가의 형상으로 인해 쓰러진 지옥의 옥문들, 쓰러진 문들 위에서 반듯이 서 계시는 그리스도, 이 문들 위에 걸터앉으시고 문에 발을 올려놓으신 채 오른손으로는 아담을, 왼손으로는 하와를 잡고 계신 그리스도의 모습입니다. 그리고 아담과 하와 뒤에는 집으로 데려다주기를 기다리는 기독교 이전 시대의 모든 위대한 인물들, 즉 사탄에게서 풀려나는 인질들이 있습니다.

동방정교회 이미지에 대해서는 에필로그에서 더 숙고하겠지만, 우선은 이 전통을 보여주는 사례를 두 가지만 더 들며 1부를 마치겠습니다.

첫 번째는 〈농부 피어스의 꿈〉The Vision of Piers Plowman입니다. 이 시는 노리치의 줄리안이 쓴 〈신적 사랑의 계시〉Revelations of Divine Love를 제외하고는 중세시대에 영어로 쓰인 가장 위대한 신학 작품에 해당합니다. 14세기의 작가는 〈농부 피어스의 꿈〉에서 그리스도께서 죽은 자들에게 내려가시는 장면을 잊을 수 없을 정도로 생생하게 묘사한 에피소드를 통해 빌라도행전에 나오는 장면을 상술하며 이 전통을 일깨웁니다.

이 시는 시편 24편 9절에서 따온 인용문으로 시작합니다. "문들아 너희 머리를 들지어다. 영원한 문들아 들릴지어다. 영광의 왕이 들어가시리로다." 이 문들은 죽은 자들이 거하는 땅의 문, 지옥의 문, 어둠의 세력이 판치는 감옥의 문입니다. 〈농부 피어스의 꿈〉의 에피소드는 이렇게 놀라운 수식으로 시작합니다. "여기 면류관을 쓰신 영광의 왕께서 오신다"는 구절에 주목하십시오. 예수님은 십자가에서 쓰신 가시 면류관으로 이미 승리하셨습니다. 그분은 자신의 부활로 무언가를 입증하기 위해 여기저기 기웃거리지 않습니다. 주님은 성육신하여 십자가에 못 박힌 삶으로써 인간 경험의 심연과 황량함을 헤치고 나아가면서 마침내 부활절 주일에 그 모습을 드러냅니다.

두 번째 사례는 그 시기 위대한 신비극*에서 발견됩니다. 저는 1970년대 중반 요크에서 제작된 연극을 아직도 또렷이 기억합니다. 이 연극에서 버림받은 영혼들은 무대 위에서 이리저리 돌아다니는데, 그들 주위로 다량의 드라이아이스가 눈처럼 내리고 감옥 창문처럼 생긴 쇠창살을 통해 빛이 그들에게 투사됩니다. 그 결과 육중한 검은 격자의 긴 그림자가 무대를 가로질러 모든 것에 드리웠습니다. 그리고 그리스도의 등장으로 그 격자가 한순간에 극적으로 그냥 떨어졌고 빛은 끊어지지 않고 홍수처럼 쏟아져 들어왔습니다.

●**Mystery Plays** 중세 유럽의 전후기를 거치며 교회와 민중 사이에서 생긴 새로운 형식의 연극.

이는 강력한 이미지인데, 20세기의 위대한 신학자이자 스웨덴 주교인 구스타브 아울렌Gustav Aulen은 기독교 세계 전체를 위한 현실적이고 가장 중요한 구속신학은 "승리자 그리스도"Christus Victor 신학이라고 주장할 정도였습니다. 그 주제에 대한 아울렌의 책은 기독교 신학의 역사에서 따온 인용문의 보고寶庫로서, 사람들은 실제로 이 부분을 이야기하고 있습니다.

이 책은 지대한 영향을 미쳤지만, 고백하건대 그의 주장이 전적으로 옳다고는 생각하지 않습니다. 예를 들어, 우리는 제사 언어가 맨 처음부터 엄청나게 중요하다는 것을 알았습니다. 신약 성경은 복잡하여 모델 하나로 다 설명할 수는 없습니다. 그렇다 하더라도, 아울렌은 우리가 십자가를 기릴 때 무엇이 중심 주제가 되어야 하는지를 반드시 확인합니다. "나의 혀여 영광스런 이 싸움을 찬미하라, 싸움이 끝났음을 찬미하라." 우리는 출발점, 즉 승리의 상징인 십자가로 돌아옵니다. "승리의 표지를 보고 사탄의 군대는 달아난다네."

십자가가 승리의 상징, 힘과 보호의 상징이라는 느낌 또한 매우 강하게 듭니다. 성주간** 저녁 기도 시간에 부르는 찬송이 있습니다. "하나님의 종이여, 기억하라"라는 찬송인데, 이 찬송은 어떻게 하면 우리의 세례를 십자가 상징으로 날마다 밤마다 새롭게 할 수 있는지에 초점을 맞춥니다. 사탄이 우리의 이마 위에 있는

●● 부활 주일 전의 일주일.

십자가 흔적을 볼 때 이를 견디지 못하고 떠날 것이기 때문입니다. 그리고 수 세기를 거쳐 생명을 주는 십자가, 보호하는 십자가에 대한 예찬, 9월 14일에 기념하는 성 십자가 현양축일顯揚祝日*, 이 모든 (어느 정도 전설적이고, 때로는 미신적이기까지 한) 전통들은 그리스도의 죽음이 승리를 가져왔다는 이 주된 의식에서 그 중요성과 힘을 이끌어냅니다.

앞으로 이해하게 되겠지만, 예수님의 십자가에 내포된 의미는 다른 극단 사이에서 끊임없이 움직입니다. 어떤 의미 하나, 어떤 은유 하나를 더 깊이 검토할수록 또 다른 의미나 은유와 마주할 가능성이 커집니다. 승리 없는 상징, 제사 없는 승리에 대한 논의는 충분하지 않습니다. 그것은 당연합니다. 기독교 신학은, 정통 가르침이라는 덩어리 주변에서 손에 안내서를 든 채 하나씩 점검하면서 주변을 거닐기만 하면 되는 어떤 기념비 세트가 아닙니다. 기독교 신학은 보다 유동적이고, 끊임없이 움직이며, 끊임없이 바뀌는 과정이라 할 수 있습니다. 한 무리의 의미를 유심히 살피다 보면 그것들은 또 다른 의미를 이루어 녹아듭니다. 따라서 기독교 신학은 악순환의 맞은편에서 계속 돌고 돕니다. 십자가는 상징이지만, 차이를 가져오므로 결코 단순한 상징이 아닙니다. 우리가 이를 알든 모르든 말입니다.

●**Exaltation of the Holy Cross** 예수 그리스도께서 인류의 죄를 속죄하시려고 지신 십자가를 묵상하고 경배하는 날.

십자가는 제사이지만, 우리가 아닌 하나님이 이행하시는 제사입니다. 우리의 마음을 변화시키는 제사입니다. 십자가는 승리이지만, 세상에서는 패배로밖에 기억되지 않는 승리입니다. 십자가는 그 자리에 그저 서 있기만 하지 않습니다. 십자가의 의미를 이해하고 그것을 받아들이는 과정은 언제나 살아 있는 과정으로서 이미지 하나, 범주 하나가 거듭해서 우리를 또 다른 것 속으로 들어가게 합니다.

제가 이번 장에서 찬송가를 많이 인용한 것은 이 안에서 우리 신학을 배울 수 있기 때문입니다. (그래서 좋은 찬송가가 있어야 합니다. 그래야 좋은 신학을 가질 수 있습니다! 보통은 이런 점을 중시하는 것 같지는 않습니다.) 최고의 찬송가는 일련의 이미지로 시작합니다. 그러고 나서 종종 우리를 또 다른 일련의 이미지 안으로 이끕니다. 우리 곁을 돌아다니며 우리를 격려하고 고무하여, 이것을 느끼고 생각해보도록 합니다.

> 십자가는 제사이지만, 우리가 아닌 하나님이 이행하시는 제사입니다.

위대한 찬송가들 다수는 그림의 작은 부분 하나를 처리한 후, 상상력을 발휘하여 마침내 그것을 소화해버리기 때문에 대단한 겁니다. 저는 1장에서 "주 달려 죽은 십자가"라는 찬송을 인용했습니다. 이 찬송에는 사랑, 즉 '너무나 놀라운, 너무나 거룩한 사

1 부. 십자가의 의미

랑'●을 보여주는 부분이 있습니다. 다른 찬송가 "오 거룩하신 주님"도 봅시다. 이 찬송도 상징을 중심으로 하였는데, 주님을 바라보고 집중하는 것에 대해, 우리 앞에 계신 주님으로 인해 녹아지고 감동을 받는 것에 대해 이야기합니다. '저 멀리 푸른 언덕에'●● 찬송에서 우리 대다수는 제사와 대속의 언어에 관해 뭔가를 배웠을 겁니다.

　저 놀랍도록 단순한 가사는 물론 마가와 바울과 베드로가 한 말을 정확히 반영합니다. 세부 사항은 잊어버리십시오. 그냥 '우리를 위하여 for us'●●●라는 두 단어를 붙드십시오. 그 다음에 등장하는 '귀하신 예수'●●●●라는 또 다른 찬송은 우리에게 제사가 과연 무엇을 다루고 있는지 숙고하도록 합니다.

> 그 흉한 십자가에서
> 한없는 고통을
> 이 세상사람 위하여
> 당하신 것일세.

　우리 각자에게는 즐겨 부르는 수난절 찬송이 있습니다. 하지만 영어로 쓰인 저 위대한 수난 찬송 중에 '나는 알 수 없는 사랑을 찬미하네' My song is love unknown 야말로 가장 아름다운 곡이 아닐까요? 이런 생각을 하는 사람이 비단 저뿐이 아닐 것입니다. 이 찬송가는 풍성한 성경 이야기와 이미지, 암시 들

● 원문 'love so amazing, so divine'을 우리말 찬송가 4절에서는 '놀라운 사랑 받은 나'로 번역함.
●● 우리말 찬송가 146장.
●●● 우리말 찬송에서는 'for us'를 '이 세상사람 위하여'로 번역함.
●●●● 우리말 찬송가 152장.

로 넘쳐납니다. 어쩌면 우리가 말하고 싶은 거의 모든 내용을 담고 있을지 모릅니다. 그리고 '알 수 없는 사랑'은 이 장을 끝내기에 안성맞춤입니다.

왜 '알 수 없는'일까요? 분명히 '나를 향한 구세주의 사랑'은 드러났고 입증되었으며 알려지지 않았습니까? 그런데 이 찬송을 계속 부르다

> 왕이여, 결코 그런
> 사랑은 없었습니다.
> 당신의 슬픔보다
> 더 큰 슬픔도 없었습니다.
> 이는 내 친구,
> 그분을 즐거이 찬양하면서
> 기꺼이 평생을 보내리라.

보면 거리낌 없는 하나님의 사랑에 대해 우리가 무지하다는 것을 깨닫습니다. 해마다 하나님의 사랑을 숙고할 때면 우리는 그 사랑의 초월성과 자유로 돌아갑니다. 마땅히 그렇게 되어야 합니다.

우리에게는 자유롭게 쓸 수 있는 이미지와 친근하게 부를 찬송이 필요합니다. 하지만 알렉산더 여사가 '저 멀리 푸른 언덕에' 찬송에 썼던 간단한 단어의 경우를 보거나, 혹은 '이는 내 친구, 진실한 내 친구'라는 저 가슴 저미는 결론을 보더라도, 우리가 정말로 해야 할 말은 어쩌면 단음절어들, 즉 간단하지만 무게 있는 단어일지 모릅니다. 그리고 나서 우리가 할 말을 다했을 때 우리가 부르는 찬송의 가사들은 우리가 날마다 생각하고 살아가는 그 길의 깊이를 더할 것입니다. 그렇게 우리는 감동을 받아 찬양 가운데 하나님과 그분의 창조 세계를 섬기고, 우리를 구원하신 예수

의 십자가에서 보여주신 하나님의 알려지지 않은 사랑에 살과 피를 덧입히는 일을 합니다.

묵상 질문

1. 예수님의 삶에서 그리고 십자가에서 이미 승리가 결정되었음을 아는 지식은 당신에게 어떻게 도움이 되는가?

2. 승리로서의 십자가에 대한 초기 기독교 혹은 중세의 이미지 중 어느 것이 당신의 마음에 와 닿는가? 그 이유는?

3. 이 장에서 인용한 찬송가 중 하나를 골라 왜 이 찬송이 당신의 마음을 사로잡았는지 말해보라. 그 찬송가는 당신이 십자가를 이해하는 데 도움이 되는가?

2부

부활의 의미

The meaning of the resurrection

4

그리스도의 부활: 과거

Christ's resurrection - then

"

때가 제 삼 시니 너희 생각과 같이 이 사람들이 취한 것이 아니라.…너희도 아
는 바와 같이 하나님께서 나사렛 예수로 큰 권능과 기사와 표적을 너희 가운데
서 베푸사, 너희 앞에서 그를 증언하셨느니라. 그가 하나님께서 정하신 뜻과
미리 아신 대로 내준 바 되었거늘, 너희가 법 없는 자들의 손을 빌려 못 박아 죽
였으나, 하나님께서 그를 사망의 고통에서 풀어 살리셨으니 이는 그가 사망에
매여 있을 수 없었음이라. _사도행전 2:15, 22b~24

"

이 장에서 저는 신약 성경이 묘사하고 심사숙고하는 예수 그리스도의 부활을 살펴보며, 예수께서 죽은 자들 가운데서 다시 살아나셨다는 1세기 사람들의 신앙고백이 무엇을 뜻하는지를 깊이 생각하려고 합니다. 이를 통해 우리는 부활 신앙의 역사적 기초에 대해 숙고하게 될 것입니다. 저는 신약 성경 시대의 초기에 예수님이 죽은 자들 가운데서 다시 살아나셨다는 주장이 당시에 어떤 의미로 다가왔는가, 라는 질문으로 이 논의를 시작할 것입니다.

종말의 시작

저는 이 소제목 아래 네 가지를 탐구할 것입니다. 그 시작은 사도행전 2장과 베드로의 오순절 날 설교입니다. 베드로가 이 설교를 정확히 오순절 날에 한 것인지 아닌지 우리는 모릅니다. 아마도 아닐 것입니다. 당시 저자들은 전통 그리고 경험에 근거한 추정으로부터 누군가가 이러이러한 경우에 말했어야 했다고 여기던 것을 즐겨 모았습니다. 그리고 독자들은 이야기가 일부 이런 식으로도 소개된다고 이해했을 것입니다. 학자들에 따르면 우리가 여기서 다루는 것은 초기 기독교 설교가 어떤 식으로 진행되었는지를 나타냅니다. 적어도 사람들은 이러한 것을 말했다는 뜻입니다.

베드로가 말세에 대해 요엘의 예언에서 따온 인용구로 시작하는 것이 특히 눈길을 끕니다. "하나님이 말씀하시기를, 말세에 내가 내 영을 모든 육체에 부어주리니"(행 2:17). 사도들이 오순절 날 왜 그렇게 뜬금없이 행동하는지 궁금했다면, 그것은 말세가 도래했고 세상의 종말이 문 앞에 와있다고 믿었기 때문입니다. 말세는 어떻게 그리고 왜 도래했을까요?

그것은 예수님의 삶과 죽음, 부활 때문입니다. 부활을 믿는 것은 새 시대가 열렸고, 새 세상이 시작되었음을 믿는 것입니다. 이것이 우리의 신학적 출발점입니다. 새로운 세상은 하나님이 자신의 백성과 관계를 맺으시는 역사의 마지막 단계를 의미합니다. 따라서 "예수께서 부활하셨다"라는 말은 우리가 이제 말세에, 하나님과 이스라엘의 상호 작용, 그리고 이스라엘을 통해 하나님이 전 세계와 맺으시는 상호 작용에서 최종적이고 결정적인 단계에 진입했음을 뜻합니다.

톰 라이트의 놀라운 책 《하나님의 아들의 부활》*The Resurrection of the Son of God*에서는 사람들이 신약 성경 본문에서 '말세' 혹은 '마지막 때'에 관한 본문을 읽을 때에 어떤 오해를 하는지 명쾌히 설명하고 있습니다. 예수님 당시의 사람들에게 세상의 끝은, 오늘날 피켓 든 사람들이 길모퉁이에서 외치는 '예수 천당, 불신 지옥'과는 아주 거리가 멀었고, 미국의 대다수 근본주의자가 생각하는 말세와도 사뭇 달랐습니다. 그 당시 생각하는 세상의 끝은 하나님이 자신의 행동에서 어떤 마지막 단계를 도입하심을 뜻했습니다. 하나님은 새 시대를 가져오셨지만, 이 새 시대는 아직도 역사의 제약을 받고 땅에 속해 있었습니다. 새 시대는 영원을 향해 열렸지만, 본질적으로는 낡은 것에서 새로운 것으로의 대전환을 상징했습니다.

따라서 예수님의 부활이 말세가 시작되었음을 뜻하는 것이라면, 이는 부활 후에 하나님을 바라보는 어떤 새로운 틀도, 어떤 상이한 방식도 결코 없을 것임을 의미합니다. 그게 전부입니다. 하나님과 세상은 이제 그 관계로 보면 완전하고 최종적인 형태로 자리 잡았다고 볼 수 있습니다.

결정적인 변화가 일어났습니다. 종말이 시작되었습니다. 하나님의 나라가 왔습니다. 예수님은 단순한 역사에서 벗어나 하나님의 미래 속으로 전진하셨습니다.

종말이 시작되었습니다. 하나님의 나라가 왔습니다. 예수님은 역사에서 벗어나 하나님의 미래 속으로 전진하셨습니다.

예수님은 하나님의 미래에 온전히 거하십니다. 그 결과 부활하신 예수님께 끌려 그분과 함께 있게 된 우리는 이미 개시된 미래에서 그분과 함께 있습니다. 그런 다음, 성령의 선물이 어떻게 하나님의 미래, 즉 다가올 시대에 대한 맛보기 혹은 계약금이 되는지 바울이 누차 강조해온 관점이 등장합니다.

따라서 이것이 인류 역사 마지막 단계의 시작이고, 예수님의 부활로 결정적인 변화가 일어났으므로, 어떤 의미에서는 모든 인간의 운명이 이제 예수님과 밀접하게 관련되었다고 할 수 있습니다. 이제부터 모든 인간은 예수라는 인물에 관하여 자신이 누구인지, 어디에 있을 것인지 알게 됩니다. 미래는 예수님의 손안에 있고, 그분의 부활은 그분에게 그런 권한을 부여합니다. 그것은 사도행전 17장, 바울의 아덴 설교에 매우 분명하게 묘사되어 있습니다. "이는 정하신 사람으로 하여금 천하를 공의로 심판할 날을 작정하시고, 이에 그를 죽은 자 가운데서 다시 살리신 것으로 모든 사람에게 믿을 만한 증거를 주셨음이니라"(31). 미래와 심판, 그리고 하나님이 자신과 세상의 관계를 결정적으로 확고히 하시는 것은 모두 예수 및 예수의 부활과 연관됩니다.

제가 믿기로는, 이것이 신약 성경 곳곳에 나타나는 부활 신앙을 이해하는 출발점입니다. 부활 신앙은 역사가 바뀌었고 우리가 새로운 단계에 있다는 믿음입니다.

제한 받지 않으시는 예수님

제가 이미 지적했듯이(그리고 여기에 저의 두 번째 요점이 있습니다), 인류 역사에 이 마지막 단계가 온 것은 우주에서 유일무이한 궁극적 권위 덕분입니다. 바로 예수님이십니다. 그분은 하나님을 지향하는 인간의 성장을 가로막는 모든 것에서 풀려났습니다. 그분은 세상 죄로 인한 결과들에서, 인류 역사의 부패, 대책 없는 악순환에서 풀려났습니다. 그분은 죽음에서 풀려났습니다. 그분은 살아계시며, 이제 그분의 행동, 그분의 자유를 제한하는 것은 하나도 없습니다.

바울은 로마서 6장 9절에서 "그리스도께서 죽은 자 가운데서 살아나셨으매, 다시 죽지 아니하시고"라고 말합니다. 마찬가지로 고린도전서 15장에서 우리는 부활이 어떻게 예수님의 자유 및 권한과 연관되는지를 봅니다. 모든 것이 그분의 손안에 주어졌습니다(고전 15:24-28; 요 16:15 참조).

따라서 그분의 부활을 믿는 것이란, 존 메이스필드의 멋진 표현을 인용하면, 예수님이 "살아계시고 세상에서 거리낌 없이 행하신다"라는 사실을 믿는 것입니다. 예수님은 풀려나셨고, 다시는 죽지 않으시고, 그분의 행하심을 그 무엇도 막지 못하고, 언제나 수동적이 아닌 적극적인 자세를 취하시고, 항상 일하십니다. 따라서 주님이 부활하셨다는 말은 그분이 이제 영원히, 끊임없이, 제한 받지 않으시고 자유롭게 행하신다는 말입니다. 죽음과 그에 따른 결과들이 그분을 저지할 수 없습니다. 저 최종 단계는 예수님의 자유로 인해 형성되고 통제됩니다. 그분이 부활하셨다는 말은 그분이 자유롭게 행하신다는 뜻입니다. 부활 이후 우리가 이제 인류 역사의 어느 시점에 와 있든 예수님은 적극적이십니다.

하나님과 인간 사이를 잇는 다리

이제 저의 세 번째 요점에 왔습니다. 새 시대가 시작되었고, 예수님은 이제 우주적으로, 영원히, 그리고 제한을 받지 않으시고 자유로이 행하십니다. 이처럼 영원히, 우주적으로, 그리고 제한 받지 않고 행하시는 분이 누구입니까? 물론 하나님이십니다. 그렇기에 인류 역사의 이 새 시대, 이 마지막 단계에서 하나님의 행동은 예수의 행동과 밀접한 관계가 있습니다.

예수가 하는 일은 하나님이 하시는 일입니다. 예수께서 원하는 대로 자유로이 행하시고, 원하는 곳 어디에든 계시며, 원하는 누군가와도 함께하신다면 그의 행동 안에는 하나님의 자유, 즉 죽음과 한계에서 자유하고 점점 악화하여가는 인간의 죄와 실패로부터 자유로운 그 하나님의 자유가 담겨 있는 것입니다. 예수는 하나님을 위해, 하나님 안에서 행하시고, 하나님은 예수 안에서 자유로이 행하십니다. 새 시대에서 예수가 하는 일은 하나님이 하시는 일과 구분하기 어렵습니다.

이는 예수님이 지금부터 신약 성경이 중재자라 칭하는 위치에 계심을 뜻합니다. 그는 하나님과 인간 사이를 잇는 다리가 되십니다. 둘 사이를 갈라놓으시는 게 아니라 화해시키십니다. 그분은, 히브리서와 가장 밀접한 관련이 있는 언어로 표현한다면, 하나님의 내적 신비들, 즉 가장 깊은 성소와 인간이 상호작용하는 세상 사이를 홀로 오가면서 중재하시는 대제사장입니다.

그뿐 아니라, 예수님은 우리를 그분이 계신 곳으로 데려가십니다. 이 세상 어디든 계시려고 한다면, 요한복음(1장 18절)의 언어로 표현해서 예수님은 언제나 '아버지의 품속에', 즉 아버지 마음 바로 곁에, '아버지와 가장 친밀한 관계 안에' 계십니다. 동시에 그분의 자유는 우리를 하나님 및 세상과 관계하는 자리에 설 수 있게 합니다.

우리는 예수님이 우리를 위하여 마련하신 공간 안으로 들어갑니다. 이는 하나님이 거하시는 거룩한 곳으로, 우리에게 열린 새롭고 살아 있는 길입니다. 예수님은 우리를 위해 자신의 이름으로 처소를 마련하시고 거기 거할 수 있게 하십니다. 다시 말해, 예수님의 부활로 우리는 그분이 계시는 곳에 살 수 있게 되었습니다. 그리고 여러분이 동일한 공간에 거한다면 당연히 동일한 화신 embodiment을 공유한다고도 할 수 있습니다. 그러므로 예수님이 만드신 공동체 안으로 끌림을 받은 우리는 자신을 그리스도의 '몸'이라고 부를 수 있습니다. 우리는 세상에서 그리고 하나님 앞에서 예수의 신분을 지닙니다. 우리는 세상에서 그리고 하나님 앞에서 예수가 '나타나시는' 곳에 있습니다.

요한복음(14장 2절)의 표현대로, 그분은 우리를 위하여 거처를 예비하러 가셨습니다. 따라서 주님은 단지 하나님을 위하여 그리고 하나님 안에서만 행동하는 것이 아닙니다. 하나님을 위하여 그리고 하나님 안에서 하는 이 행동은 우리가 하나님의 임재 안에서 그리고 하나님과 세상을 위해 살아갈 공간을 만듭니다. 우리는 자유롭게 하나님을 위하여 행하고, 주께서는 하나님과 관계있는 곳으로 우리를 이끄셔서, 새 시대에서 주님 안에 살면서 새 시대를 구체화하는 일을 합니다.

예수와 하나님은 하나이시다

위 내용에 기초하여 저는 네 번째 요점에 도달합니다. 부활 후 하나님은 예수와 연관하여 자신을 정의하십니다. 그분은 예수를 죽은 자들 가운데서 일으키신 하나님이신데, 이 표현은 바울 서신에 여러 번 등장합니다.

우리가 말하는 하나님은 어떤 분이십니까? 바로 부활과 연관되신 하나님이십니다. 하나님이 예수를 일으키셨다는 사실은 하나님이 어떤 분이신지를 밝히 드러내는 특징이 됩니다. 따라서 예수의 행동을 하나님의 행동과 실제로 구분할 수 없듯이 이제 하나님의 신분 또한 예수의 신분과 구분하기 어렵습니다. 신약 성경의 표현대로, 부활은 세상이 예수에게 내린 평결을 하나님이 거부하고 뒤집으셨다고 우리에게 다시 말해줍니다.

> 부활은 세상이 예수에게 내린 평결을 하나님이 거부하고 뒤집으셨다고 우리에게 말해줍니다.

정치적 및 종교적 권세를 지닌 모습으로 이 세상은 예수에게 아니요, 라고 말했고, 하나님은 그 아니요에 대해 아니요, 라고 하셨습니다. 다시 말해, 하나님은 예수에게 예, 라고 하셨습니다. 그분은 예수의 존재와 행함, 말씀 모두를 지지하셨습니다.

하나님은 예수가 행하고 말하며 주신 것을 하나님이 행하고 말씀하며 주시는 것으로 받아주시면서 예수에게 자기 권위의 흔적을 남기셨습니다. 예수가 하는 일은 하나님이 하시는 일이고, 하나님이 하시는 일은 예수가 하는 일입니다. 우리가 이야기하는 하나님은 예수를 죽은 자들로부터 일으키셔서 예수에게 예, 라고 말씀하신 하나님이십니다. 그분이 곧 기독교가 말하는 하나님입니다.

부활과 교회

제가 이제 막 개요를 살핀 부활의 네 측면은 실제로 신약 성경 곳곳에 아주 광범위하게 퍼져 있습니다. 한두 권을 따로 떼어 내 살필 필요도 없습니다. 이 네 측면이 성 바울의 서신을 관통하는 주제이고, 히브리서, 요한복음, 사도행전 그리고 다른 곳에도 나타나기 때문입니다. 그리고 네 가지 요점의 중심에는 저를 당황하게 하는 어떤 깨달음이 있는데, 여기에서 모든 이야기가 시작됩니다. 그것은 우리가 지금 역사의 새 단계에 살고 있으며, 이 단계는 하나님이 세상과 맺으신 최종적이고 결정적인 단계라는 인식입니다.

우리가 지금까지 살펴본 모든 것은 기독교 교리의 주요 주제가 예수님이 죽은 자들 가운데서 부활하셨다는 주장에 뿌리내리고 있음을 암시합니다. 바로 여기서 그리스도에 관한 교리(가르침)인 기독론이 시작됩니다. 이제 예수님에 대해 당신이 하는 말은 부활하신 예수님과 관련해 결정됩니다. 예수님에 대한 신학은 갈릴리를 거니신 예수님을 다루는 것으로 국한될 수 없습니다. 이제, 부활 덕분에 당신은 예수님을 더 충분히 그리고 더 깊게 생각

> 부활 신앙은 교회가
> 한낱 나사렛 예수 협회
> 차원에 머무르지
> 않게 합니다.

할 기회(실은 의무)를 얻었습니다. 예수님의 부활로 새 시대가 열렸습니다. 이 새로운 상황에서 자신이 원하는 어느 곳에서든 뜻대로 하시는 예수님은 한낱 인간의 일대기 안에만 갇혀 있을 수 없는 분입니다.

그런 이유로 기독교는 '나사렛 예수 협회'가 아닙니다. '알프레드 로드 테니슨(1809~1892, 영국의 시인) 협회' 같이 한 위대한 천재를 회고하는 그런 곳 말입니다. 교회는 결코 그런 협회였던 적이 없었고 (간절히 바라기는) 앞으로도 그럴 것입니다. 부지중에 그런 생각을 하고 그렇게 느끼는 자신을 볼 때마다 우리는 고민해야 합니다.

부활이 예수에 대한 생각에 기초를 제공한다면, 이는 하나님에 대한 새로운 생각의 기초일 뿐만 아니라 삼위일체 하나님 교리의 기초가 되기도 합니다. 하나님은 자기 아들 예수 안에서 넉넉히 그리고 자유롭게 행동하십니다. 그리고 예수 안에서 하나님이 행하시는 넉넉하고 자유로운 행동의 한 차원에는 우리를 새로운 방식으로 살아있게 하는, 저 생명을 부여하는 숨(성령으로 더 잘 알려진)이 있습니다. 부활에 대해 생각을 펼쳐나가면서 우리는 하나님을 어떻게 성부와 성자와 성령으로 부르는 방향으로 나아가는지 알게 됩니다. 부활은 정통 기독교 신학 전체의 씨앗이자, 교회 신학의 씨앗이기도 합니다. 부활 신앙은 교회가 한낱 나사렛 예수 협회 차원에 머무르지 않게 합니다.

부활, 새 창조, 새 시대, 하나님의 행동이 도달한 최종 단계를 믿는다는 것은, 예수와 관련된 사람들이 그분을 단지 기억에서가 아닌 동시대를 살아가는 분으로, 머리와 생각 속에서가 아니라 그 것을 뛰어넘는 실재로 여기면서, 자신의 현재 삶, 즉 그가 지금 하 나님을 향해 살아내는 삶에서 예수님과 함께 서도록 인도함을 받 는다는 뜻이기 때문입니다. 그런 까닭에 교회는 예수를 '우리와 함께하시는 하나님'이라고 고백합니다. 이 예수님은 성령을 통해 자신이 우리와 함께하시는 것에 대한 반응으로 우리가 말하고 행 하는 모든 것에서 살아계시고 적극적이신 분입니다.

교회의 전형적인 활동, 이를테면 성경 읽기, 복음 선포, 세례 주기, 성찬례에서 떡과 포도주 나누기를 생각해보십시오. 예수님 이 우리와 함께 살아가시는 분이라고 믿지 않는다면 이 활동들은 모두 의미를 잃기 시작합니다. 성경을 다른 관점에서 읽어야 할 수도 있습니다. 예수께서 살아계시며 우리와 동시대에 계신 게 아 니라면 우리는 성경을 역사적 문서로 읽을 것이고, 그분과의 만남 을 가능하게 하는 단어 하나하나에 신경 쓰면서 성경을 읽지는 않 을 것입니다. 또한 어떤 입회식을 치를 수는 있겠지만, 지금 여기 에서, 십자가에 못 박히시고 죽은 자들 가운데서 부활하신 예수님 이 거하시는 실재 속으로 들어가게 하거나 그분에게서 나오는 생 명을 주는 기운, 즉 성령을 받는다고 주장하는 그런 종류의 입회 식을 치르지는 못할 것입니다.

우리는 옥스브리지* 대학들처럼 기념 축제인 추도 식사를 할 수 있을지 모릅니다. 하지만 그것을, 지금 여기에서 우리를 살아 있게 하는 생명에 참여하는 것으로 여기지는 않을 거라는 생각이 듭니다. 교회 신학이 부활을 당연시하고, 부활에 대한 절대적 믿음의 결여가 교회 신학의 상실로 이어지는 것은 바로 그 때문입니다. 예수의 자유와 권한에 대한 주제가 뒤섞이고, 부활을 통한 예수의 행동과 하나님의 행동이 뒤섞이다가 생각과 기도, 숙고의 과정을 거쳐 여러 신경과 성례전에서 마침내 열매를 맺는 것을 우리는 어느 정도 볼 수 있습니다.

부활과 역사

이번 장의 나머지 부분에서는 그것이 실제로 어떻게 시작되었느냐는 두 번째 질문에 주목하고자 합니다. 이 모든 일에서 역사적 핵심은 어디 있습니까? 지난 백 년 남짓 이를 둘러싸고 진행된 많은 학문적 논의를 여기에서 살펴보지는 않겠지만, 한두 가지는 언급할 필요가 있어 보입니다.

온갖 노력을 기울여보아도, 신약 성경에서 그 중심에 부활을 두지 않는 전통이나 신앙을 찾아내기는 쉽지 않습니다. 십자가

●Oxbridge 옥스퍼드와 캠브리지를 함께 일컫는 말.

를 받아들이지 않는 성경 기록을 발견하기가 어려웠듯이 말입니다. 하지만 이런 일을 시도한 사람들이 더러 있었습니다. 마태복음과 누가복음 뒤에 숨어 있다는 가상의 문서(예수님의 말씀을 수록한 'Q'문서)를 재구성했다는 사람들은 예수님의 말씀을 나열하기만 하고 그 안에 십자가나 부활 신학이 없는, 일종의 원시 기독교 문서가 틀림없이 있었을 것이라고 간혹 주장해왔습니다. 이 야심 찬 이론은 매우 이른 복음서 전통과 조금도 흠잡을 데 없는 여러 층을 봤을 때, 십자가를 지고 그분을 따르라는 주님의 초대가 들어 있고, 여간해서는 그 횟수를 줄일 수 없을 만큼 빈번하게 예수님의 수난과 부활을 숙고하고 있다는 (대다수 학자들이 판단하기에) 불편한 진실 앞에서 여러 차례 난파되었습니다.

그럴 수는 없습니다. 예수님이 꽤 멋진 사람이었다는 우리 생각을 확인해주고, 우리를 곤경에서 벗어나게 하는, 부활 이전의 모습을 한 단순한 기독교가 어딘가에 있을 것 같지는 않습니다. 그런 사실이 드러난 적이 없었습니다. 신약 성경에서 부활과 무관하게 정의하거나 확인할 수 있는 믿음은 없는 듯합니다. 부활의 언어가 명백히 나타나지 않는 야고보서와 히브리서 같은 문서들을 보더라도 예수님의 주되심과 영광, 예수님의 기쁨, 예수님의 승천에 대한 언급이 있음을 보면 어떤 일이 일어났고 뭔가가 달라졌음을 암시합니다. 그리고 더 나은 것이 생각나지 않는다면 (신약 성경의 나머지를 고려할 때) 그 원인을 부활로 볼 근거가 충분합니다.

신약 성경의 표현대로 하자면, 기독교 공동체는 새 시대가 시작되었다는, 무언가 결정적인 일이 일어났고 어떤 변화가 생겼다는 확신 덕분에 존재합니다.

그러므로 사람들 마음에 지목할 만한 사건이 없었는데도 어떻게 저 새 시대의 믿음(부활 그리고 부활로 말미암은 믿음)이 생겨날 수 있었는지를 이해하기란 매우 어렵습니다. 어떤 이들은 예수님의 부활에 대한 믿음이 꽤 긴 시기에 걸쳐 진화했을지도 모르겠다며 몇 가지 매우 흥미롭고 미묘하며 복잡한 의견을 제시하기도 했습니다. 가령 신앙 공동체가 예수님의 말씀과 행동에 대해, 그분이 당하신 처형의 의미를 숙고하면서 주님이 어떤 면에서는 살아계시다는 확신이 서서히 뚜렷해졌다는 의견입니다. (〈몬트리올 예수〉라는 훌륭하고 도전적인 영화를 봤다면 이 말의 뜻을 알 것입니다.) 이것은 본질적으로 꽤 흥미롭고 손에 땀을 쥐게 하는 이야기입니다. 하지만 신약 성경이 우리 앞에 제시하는 이야기는 아닙니다. 이 부분이 본질적이고 우선하는 의미라고 주장하려면 오히려 많은 불신을 중단하지 않으면 안 됩니다.

예전에 동료 교수 중 한 명은 부활절 주일의 어느 시점 혹은 직후에

> 기독교 공동체는,
> 신약 성경의 표현대로
> 하자면, 새 시대가
> 시작되었다는 확신
> 덕분에 존재합니다.

베드로의 마음속에서 무언가 섬광 같은 게 번쩍였다고 하는 것과 조금도 다를 바 없는 부활 신학들이 있다고 조금 화를 내면서 말하곤 했습니다. 그의 요점은 1세기 사람들은 그런 식으로 생각하지 않았다는 것입니다. 여러분의 마음과 태도에서 일어난 변화는 여기서 당연시되고 있는 것과 똑같은 의미에서의 '사건'이 아니었습니다. 그 전적인 확신, 즉 하나님이 세상의 판결을 뒤집어엎으셨고, 세상이 말하는 아니오에 아니오, 라고 말씀하셨다는 확신은 1세기 유대인의 관점에서는 새로운 신적 평결을 '구체화'하는 어떤 일, 즉 인간의 마음속에 있을 뿐 아니라 그 마음들을 넘어서기도 하는 어떤 일이 일어났다는 신념을 의미했을 것입니다.

예수님 당시 유대인들이 부활을 이야기할 때 그들은 액면 그대로 진심이었음을 명심해야 합니다. 그들은 죽은 자들이 하늘보다는 땅으로 부활한다는 뜻으로 그렇게 말했습니다. 다니엘서에서 말세에 먼지 가운데서 다시 일어날 자들에 대한 예언을 읽을 때에도 사람들이 이 땅으로 돌아오는 것을 저자가 마음에 두었음이 분명합니다. 유대교 신앙에서 이 부분을 모호하게 말한 것을 본 사람이 없을 정도입니다. 이 부활 언어는 사색적이 아니라 역사적이며, 하늘에 대한 것이기 전에 땅에 대한 것입니다. 다시 땅위에 서는 것을 배제하는 부활 신앙은 1세기 사람들에게는 매우 낯설었습니다.

이 모든 이유 때문에 저는, 부활을 한낱 기독교 신자들의 내

면에서 자각한 현상으로 보는 이야기를 털끝만큼도 믿지 않습니다. 신약 성경에서 보듯이 부활은 사도들에게 '일어난' 어떤 일이지, 그들이 뭔가를 생각하다가 우연히 발견한 무언가가 아닙니다. 제 생각에, 신약 성경은 우리 앞에 이것을 가져다 놓습니다. 신약 성경의 주장을 믿을 수도, 믿지 않을 수도 있지만, 신약 성경에서 주장하는 바가 이것임을 알아야 합니다.

신약 성경의 주장에 동의하든 말든, 부활 이야기가 어떤 방식으로 전해지는지 그 몇몇 특징을 주목할 필요는 있습니다. 〈몬트리올 예수〉 같은 이야기가 사실이라면, 저로서는 그 텍스트가 매우 세심하게 공을 들였다고 인정할 것입니다. 즉 여러 문학적 암시들을 사용하고 복잡한 그림을 짜 맞추면서 오랜 기간 숙고한 결과물이라는 뜻이지요.

하지만 우리에게 있는 부활 이야기는 느닷없고, 혼란스럽고, 생생하고, 잘 다듬어지지 않은 상태입니다. 이보다 더 특이하게 만들 수 없을 정도입니다. 한때는 부활절 주일과 그 후에 일어난 일에 관해 쉽게 양립할 수 없는 네 가지 버전이 있다는 사실을 조롱하는 것이 유행이었습니다. 마치 그것이 진리가 아니라는 증거인 양 말입니다. 하지만 좀 더 생각해보면, 부활 이야기가 깔끔하게 정리되지 않는다는 사실 자체가 이것을 역사적 보고報告 문학으로 진지하게 여길 수 있는 주된 이유가 됩니다. 사람들은 자신이 기대하지 않았던 무언가를 설명할 단어를 찾고자 씨름하고 있는 것이 분명합니다. 그런데 문헌에서는 이 부분을 그렇게 많이 다룬 것 같지는 않습니다.

마가복음을 읽다 보면 예수님의 수난 이야기가 장황하고 복잡하며 의식화되어 있습니다. 일부 학자들에 의하면, 이 이야기는 예루살렘 근처에서 문자 그대로 '십자가의 길을 걷는' 제자들의 입에서 입을 거치며 다듬어졌다고 전해집니다. 마치 예루살렘 길 안내 지도라도 얻은 것처럼 장소를 연이어 확인할 수 있을 정도입니다. 각각의 장소에서 구약 성경은 어떻게 예언했는지가 나옵니다. 이 이야기는 구약 성경에서 사용한 전반적인 암시들, 반향들, 격언들, 비유들, 이미지들을 끌어와 자기 안으로 끌어넣었습니다. 젊은이가 벌거벗은 채 겟세마네 동산에서 달아나는 사소한 일까지도 "그 마음이 굳센 자도 그 날에는 벌거벗고 도망하리라"(암 2:16)라는 아모스의 예언을 떠올리게 합니다.

부활이 성경적으로 어떻게 성취되었는가에 관한 부분은 놀랍게도 별로 정교하지 않습니다. 부활과 관련해서는 기존의 어떤 양식에도 깔끔하게 들어맞지 않습니다.

그러다가 마가는 부활로 시선을 돌려 복음서 마지막 장에서 저 느닷없고 예사롭지 않은 문장들로 자기 이야기를 합니다. 마치 부활이 어제 일어난 일인 양, 전에 부활 이야기를 제대로 한 사람이 아무도 없었던 양 말입니다. 사람들이 놀라 아무 말도 할 수 없었던 어떤 일이 일어났습니다. 마가의 그 유명한 짧은 결말, "[그들이] … 무서워하여 아무에게 아무 말도 하지 못하더라"(16:8)라는 말씀을 생각해보십시오. 문체에서도 '느닷없음'이 나타납니다. 헬라어 '에포부운토 가르'*ephobounto gar*는 "보다시피, 그들은 무서워하였다"라는 뜻인데, 문학 양식으로 보더라도 책을 끝내는 방식치고는 매우 특이합니다.

그 후로 줄곧 사람들은 일이 어떻게 진행되었을까 궁금해했습니다. 부활 후 나타남에 대해서는 마태복음과 누가복음, 요한복음에 나온 더욱 정교한 이야기에서도 예수님의 수난 이야기에 나타나는, 남의 시선을 신경 쓰는 문학적 요소는 빠져 있습니다. 구약 성경에서는 이 부분에 대한 명확한 암시가 없습니다. 사람들이 사용한 문학적인 모델도 없습니다. 그저 순전히 압박과 강요로 쥐어짜서 탄생한 것처럼 보이는 이야기뿐입니다.

구약 성경의 몇몇 이야기와 부활 이야기 사이에 문학적인 유사성을 찾으려 한 저명한 학자들이 몇몇 있었습니다. 이와 관련하여 학문적으로 큰 논쟁이 있었지만, 결국 이 의견에 공명할 여지가 별로 남아 있지 않다는 사실만 명확해졌습니다. 사람들은 그 쟁점과 관련하여 여러 번 큰 장벽에 부딪혔습니다. 복음서 다른 곳에서(성탄 이야기, 예수님의 사역 및 수난 이야기) 사람들은 어떻게 말씀이 성취되고, 균형이 맞춰지며, 반향하고 패턴화됨을 알고 있었기에 부활 이야기에서도 구약 성경을 사용하여 해석해보려 했지만 그럴 수 없었습니다. 그것은 마치 새 시대, 역사의 새 국면이 만들어낸 새로운 형태의 스토리텔링과 같습니다. 선례도 없고, 글자 그대로 전에 이런 일이 일어난 적이 없어서 여러분은 나름의 방식을 만들어 이 이야기를 들려주어야 합니다. 바울을 비롯해 여러 사람이, 그리스도가 "성경에 따라" 죽은 자들 가운데서 다시 살아나셨다고 진술했음에도 불구하고 우리는 그렇게 해야 합니다. 부활이 성경적으로 어떻게 성취되었는가에 관한 부분은 놀랍게도 별로 정교하지 않습니다. 어떤 면에서는 이것이 성경의 성취라는 사실이 인정되지만, 부활과 관련해서는 기존의 어떤 양식에도 깔끔하게 들어맞지 않습니다.

이런 일들로 우리는 복음서의 부활 이야기를, 단지 문학적 사색이나 자기 체험에 대한 나름의 노력 정도가 아니라 사실에 의해 존재할 수밖에 없는 것으로 더없이 진지하게 받아들이게 됩니다. 이 이야기들은 '날것'이며 불가사의하다는 특징이 있습니다. 가령 사람들은 처음에는 부활하신 예수님을 알아보지 못했습니다. 막달라 마리아가 그랬고, 엠마오로 가는 제자들도 그러합니다. 기묘하지만 언제나 이런 식입니다. 이는 중요한 요인인데, 아무도 이 사건을 완전히 이해한 적이 없고 문학적 고정 패턴들과 쉽사리 조화를 이루지도 않습니다.

구약 성경에는 자신이 천사에게 말을 걸었음을 사람들이 뒤늦게 깨닫거나, 천사가 갑자기 자신의 영광을 드러내는 사례가 있습니다. 하지만 막달라 마리아와의 만남이나 엠마오 이야기는 이런 식으로 진행되지 않습니다. 따라서 부활 이야기의 역사적 근거와 빈 무덤, '유령들'에 대해 생각할 때, 중요한 것은 이야기가 어떤 식으로 전해지는지 예의주시하고 그것이 실제로 얼마나 큰 충격이었는지, 그리고 여전히 얼마나 큰 충격을 주는지 살펴야 합니다.

전에는 이런 일이 일어난 적이 없기에 우리는 새롭게 이야기를 듣습니다. 그리고 다시 이런 일이 일어난 적이 없기에 우리는 아직도 어려움을 느낍니다. 하지만 이런 일은 (처음 언급했던 데로 다시 돌아가) 생각하면 충분히 예상되는 일입니다. 당신이 인류 역사의 새로운 장을 여는 사건을 다루는 중이라면 다른 무엇을 기대할 수 있겠습니까? 단지 계속되는 이야기의 또 다른 에피소드 정도가 아니라, 하나님과 그분의 세상에 대해 우리가 관계 맺는 방식을 전면적으로 새롭게 빚는 일인데 말입니다.

이제 부활 이야기의 세부 사항에는 많은 요점이 있고(가령, 빈 무덤에 대해 말하는 방식이나 유령 이야기들, 특히 요한복음 말미의 갈릴리 바닷가에서 도마에게 나타난 유령 혹은 베드로와 사랑하는 제자에게 나타난 유령) 이에 대해 더 시간을 들여 살펴본다면 대단히 흥미롭겠지요. 하지만 요점은 분명히 했으면 합니다. 이 이야기가 소개되는 방식을 보면 계속 눈에 띄는 부분이 있습니다. 예수님의 수난과 부활 이야기가 언급되는 방식 사이에는 어떤 속도 변화가 느껴진다는 것입니다. 새것에 대한 감각 말입니다.

예수님이 '참으로 부활하셨다'라고 주장한다 해도, 실제로 우리는 부활하신 예수님에 대해 전적으로 적실하게 말할 수 없을 것입니다. 이것은 우리의 능력 밖의 일입니다. 여기에도 복음이 필요합니다. 예수님이 제자들에게 "깊은 데로 가서 그물을 내려라"(눅 5:4)라고 용기를 북돋우신 일은 1세기뿐 아니라 오늘날에도 해당되는 말씀입니다.

신약 성경의 저자들은 전례 없는 어떤 일에 관해 적절히 언급할 길을 찾고자, 독자와 청자들이 신비를 실감하려면 어떻게 해야 하나 그 방법을 찾고자 씨름합니다. 이해하기 힘들어서 명확한 설명이 필요하다는 의미에서의 신비가 아니라, 너무 커서 담기지 않는다는 의미에서의 신비입니다. 이런 맥락에서 우리는, 까마득히 위에 있는 코끼리라는 엄청난 실체에서 정확히 무슨 일이 일어나고 있는지 알아내고자 발 주변을 기어 다니는 개미의 처지와 흡사합니다. 그리고 고린도전서 15장과 같이 신약 성경에서 부활을 말하는 가장 설득력 있고 짜릿한 구절조차도 우리 궁금증을 충분히 해결하지 못합니다.

저는 이번 장의 결론을 내리면서, 부활이 신약 성경에서 어떻게 작동하는지 이해하려면 세계사에서 하나님 행동의 마지막 단

> 신약 성경의 저자들은 전례 없는 어떤 일에 관해 적절히 언급할 길을 찾고자 씨름합니다.

계가 어떻게 개시되고 있는지를 이해해야 하고, 그것을 우리의 기준을 영원히 바꾼 사건으로 보아야 한다고 말씀드립니다. 이 사건에 완벽한 초점을 맞추기란 거의 불가능합니다. 첫 부활절 날에 일어난 일에 관해서는 저마다 목소리를 내느라 떠들썩하지만, 하나같이 혼란과 불분명함을 나타낼 뿐입니다. 사람들이 삶을 변화시키는 체험이나 유일무이한 순간에 대해 말할 때 그런 일이 나타납니다.

부활절 전날 동산에서 실제로 무슨 일이 일어났는지 알아내려고 지금 카메라를 설치할 수는 없습니다. 대신 우리에게는 사람들에게 세상이 영원히 달라졌다고, 예수님은 과거에 속하지 않는다고 믿게 만든 한 사건이 있습니다. 제가 믿기로, 이 사건은 빈 무덤을 낳았고, 예수님은 실제로 제자들에게 나타나셨습니다. 이 사건의 본질이 정확히 무엇이든 간에 세상은 영원히 달라졌고, 예수라는 이 특별한 인간이 과거에 속하지 않았을뿐더러 이제부터 우리가 하나님에 대해 말하는 방식에도 깊이 관여하신다는 믿음을 낳을 정도로 힘이 있었습니다. 그 결과 하나님에 대해 하신 말씀은 다시금 예수와 어떠한 관계를 맺을 수밖에 없습니다.

묵상 질문

1. 우리가 인류 역사의 마지막 단계에 살고 있다는 믿음은 예수님과 그분의 부활을 이해하는 데 어떻게 도움을 주는가?

2. 당신은 교회를 '나사렛 예수 협회'에 불과하다고 생각한 적이 있는가? 예수님이 '우리와 함께하시는 하나님'이라는 생각은 이 견해를 떨쳐 버리는 데 어떻게 도움을 주는가?

3. 부활 이야기의 역사적 근거에 대해 어떤 주장이 제기되고 있으며, 그 이유는 무엇인가? 그 주장에 동의하거나 동의하지 않는다면, 그 이유는 무엇인가?

5

그리스도의 부활: 현재

Christ's resurrection – now

"

그리스도께서 다시 살아나신 일이 없으면 너희의 믿음도 헛되고 너희가 여전히 죄 가운데 있을 것이요. 또한 그리스도 안에서 잠자는 자도 망하였으리니 만일 그리스도 안에서 우리가 바라는 것이 다만 이 세상의 삶뿐이면 모든 사람 가운데 우리가 더욱 불쌍한 자이리라.

그러나 이제 그리스도께서 죽은 자 가운데서 다시 살아나사 잠자는 자들의 첫 열매가 되셨도다. 사망이 한 사람으로 말미암았으니, 죽은 자의 부활도 한 사람으로 말미암는도다. 아담 안에서 모든 사람이 죽은 것 같이 그리스도 안에서 모든 사람이 삶을 얻으리라. 그러나 각각 자기 차례대로 되리니, 먼저는 첫 열매인 그리스도요, 다음에는 그가 강림하실 때에 그리스도에게 속한 자요. 그 후에는 마지막이니 그가 모든 통치와 모든 권세와 능력을 멸하시고 나라를 아버지 하나님께 바칠 때라. 그가 모든 원수를 그 발아래에 둘 때까지 반드시 왕 노릇 하시리니, 맨 나중에 멸망 받을 원수는 사망이니라. _고린도전서 15:17~26

"

이 마지막 장에서 저는 오늘날 예수 그리스도의 부활 선포가 우리 삶은 물론, 주위 사람들과 세상에 우리가 전하고 싶어 하는 것에 직접적인 영향을 미친다고 생각하는 다섯 가지 영역을 살펴보고자 합니다. 이 영역은 부활에 뿌리내리는 좋은 소식에 담긴 다섯 가지 차원입니다.

인간이 중요하다

첫째, 예수님의 부활을 믿는다는 것은 예수께서 인간의 역사가 한데 모이는 지점임을 믿는 것입니다. 물론 이렇게 생각하려면 인간이라는 존재가 특별함을 상정해야 합니다. 인간에 대해 타협할 수 없는 무언가가 있다고 말하는 것입니다. 하나님이 우리를 그렇게 지으셨습니다. 하나님이 우리로 하여금 예수 그리스도를 통해 그분과 사귐을 갖도록 예정하셨기에 인간입니다. 여러분이 어떤 상황에서든 어떤 인간을 만나든, 그것에 대해서는 타협할 수 없습니다.

예수께서 주님이시며, 인간의 모든 이야기가 그분에게 수렴

_____

인간의 모든 이야기는
예수님에게 수렴됩니다.
그분은 우리의 삶을
완성하십니다.

_____

되기에(브라우닝이 네 번째 복음서
에 대한 자신의 멋진 시—'사막에서
의 죽음'—에서 말했듯이, 그분이 '모
든 신부에게 신랑', 즉 인간의 모든
삶을 완성하시는 분이기에), 우리의
인간성은 중요합니다. 그리고 이
는 인간성을 방해하는 저 모든 것들, 곧 인간이 자신과 타인을 비
인간화하고자 고안해온, 그 모든 방식들(미묘하든 드러내든)에 저
항해야 함을 뜻합니다.

따라서 예수님이 다시 사셨다면 인간에게는 목적이 있다는
선언으로 우리는 시작합니다. 인간의 모든 삶에는 차별적이고 하
나님이 주셨으며 그리스도를 소망하는 가운데 주어지는 뭔가가
있습니다. 인간은 존엄성과 자유로 지음 받았기에 언젠가 예수 그
리스도의 친구가 될 것임을 강조해온 신학자들(특히 동방 기독교
세계에 있는)에게 저는 항상 매료되었습니다. 인간은 온갖 은사를
받았으므로 언젠가 성부 하나님의 변혁 작업을 위한 적절한 도구
가 될 것입니다.

자기 세상을 파괴하고 무질서와 고통으로 몰아넣을 수도 있
는 인간의 능력을 과소평가하지 않으면서도 부활은 인간에 대해
매우 고상한 교리를 부여합니다. 부활은 하나님이 존재하실 뿐 아

니라 우리 또한 그러함을, 그리고 우리에게는 목적과 운명이 있음을 이야기합니다.

또한 하나님이 우리와 관계를 맺으시는 기준에는 결코 어떤 변화도 없을 것이라고 부활이 말하고 있다면, 사람들은 확신을 갖고 용감무쌍하게 비인간적인 체제와 맞설 힘을 얻게 됩니다. 우리 시대나 어느 시대라도, 인간성을 말살하는 폭압에 저항하는 사람들은 대체로 하나님뿐 아니라 인간—일종의 인도주의적이고 낙관적인 의미에서뿐 아니라 또한 예수 그리스도 안에서 하나님과 갖는 사귐에 따른 존엄성과 영광을 지닌 인간—을 신뢰하는 사람들입니다.

따라서 좋은 소식의 첫 번째 차원이 있습니다. 예수께서 다시 살아나셨다면 인간은 실제로 존재하되 어떤 목적을 위해 존재한다는 것입니다. 폭압이나 편의, 20세기에 상당 부분을 목격한 딱딱한 전체주의hard totalitarianism, 혹은 안락한 문화에서 인간의 독특성에 대한 우리 인식을 약화시키는 부드러운 전체주의soft totalitarianism에 빼앗길 수 없는 뭔가가 있습니다. 이는 또한 우리가 성경에 접근하는 방식에 관해 무언가를 말해줍니다. 그것은 관계 맺는 방식치고는 조금 특이하게 생각되겠지만, 잠시 제 말을 참고 들으시기 바랍니다.

인간이 정녕 존재하고, 자기 운명이 예수님과 관련 있음을 안다면, 모든 인간에게 공명하는 예수님의 실재를 전달하는 그 책에는 뭔가가 있습니다. 근본적으로 신적인 것만 아니라 인간의 속성도 지닌 그 책에는 뭔가가 있습니다. 인간은 성경을 읽으면서 자신의 인간성이 깊이 있게 다루어지고 도전받으며 풍성해지는 것을 원할지도 모릅니다.

그것은 제가 인간성 전반에 대해 말한 것에 관한 일종의 각주입니다. 우리가 어딜 가든, 손에는 성경 이야기를 들고 눈에는 예수님의 비전을 담은 채, 지금 말한 것과 공명할 것이라는 기대가 있습니다. 인간은 그것을 어떻게 그리고 왜 하는지 모를 수 있습니다. 하지만 우리가 계속 사명을 수행하는 이유는 인간의 마음과 인간의 운명 같은 것이 있다는, 그렇기에 이 말들이 공감을 얻을 것이라는 확신이 있기 때문입니다. 이런 생각은 우리를 들뜨게 합니다.

그리스도인이 읽는 성경은 역사적 문서 정도가 아니라 그 안으로 들어가 하나님을 만날 수 있는 하나의 세계입니다. 그것이 성경의 존재 이유이며, 이는 부활 신앙을 고려할 때만 이해됩니다. 예전에 저는 그리스도의 주되심이라는 교리 전체가 초대 교회의 선교 과정 속에서 발전되고 구체화된다고 주장한 바 있습니다. 여러분이 사람들과 함께 더 많이 노력하고 공유할수록 예수님이 어떤 분이신지를 더 충분히 이해할 수 있습니다. 출신 배경은 각양각색이지만 그분을 알아보기 때문입니다. 인성은 각기 다르지만, 그분을 알아보기 때문입니다. 그들은 자신이 그분과 함께 인

성을 공유한다는 사실을 알기에 자신의 인간성을 하나님께 드러
내 보입니다.

성경을 사용하는 방식에도 유
사한 것이 적용됩니다. 문화적 배경
이 그처럼 각양각색인 사람들의 인
간성에 대해 성경이 여전히 결정적

> 하나님의 시야는
> 죽음에 의해 제한받는
> 우리와 다릅니다.

으로, 비판적으로 조명하고 있다는 점에 저는 지금도 놀랍니다(근
본주의자로서 말씀드리는 게 아닙니다). 그처럼 다양한 배경 속에서
성경을 해석하며 다양한 도전을 만나게 되는데, 아직도 그 이야기
와 단어는 영향을 끼칩니다. 그리고 이는 예수님이 세상에서 영원
히 일하신다는 부활의 확신과 명백하게 연결됩니다.

세상이 달라졌다

이제 우리는 좋은 소식의 두 번째 차원으로 이동합니다. 그것
은 세상이 정말 달라질 수 있다는 것입니다. 부활이 세상 모든 역
사가 중심으로 삼고, 또한 새로운 방향으로 나아가게 하는 극히
중요하고 결정적이며 중심 되는 순간에 관한 것이라면, 그것을 가
능하게 하는 어떤 일이 역사 안에서 일어났습니다. 누군가가 인간
역사에 결코 되돌릴 수 없고 취소할 수 없는 돌파구를 마련했습니

다. 세상이 바뀔 수 있고, 하나님이 그 축을 중심으로 역사를 움직이신다고 믿는다는 것은 인간이 처한 온갖 상황에서도 변화가 일어날 수 있다고 믿는 것과 같습니다.

제 생각에는 바로 이런 이유로 깔끔한 세상을 원하는 자들에게 그리스도인은 자주 그리고 조직적으로 골칫거리가 됩니다. 로마제국은 여러 면에서 매우 효율적이고 포괄적이며 잘 운영되는 조직이었습니다. 불행하게도, 이 제국은 복음이 소개하는 인간에 대한 비전에 신경 쓸 여유가 없었습니다. 따라서 기독교는 로마제국에 골칫거리였습니다. 히틀러 치하의 제3제국과 소비에트 연방에 기독교가 골칫거리였듯이 말입니다. 기독교는 현대 중국에도 만만찮은 도전입니다. 기독교는 심지어 영국과 미국에서도 골칫거리인 순간이 있습니다.

"인간은 더 큰 장소, 더 높은 소명, 더 고귀한 영광 안으로 들어갈 수 있다"라고 말한다고 해서 그리스도인들이 계속 지루하게 살아야 하는 것은 아닙니다. 기독교가 어떤 상황을 만나도 사람을 감동하게 할 수 있는 것은 "우리에게 있는 게 생각보다 많다"라는 메시지 덕분입니다. "마음만 먹으면 뭐든 될 수 있다"라고 하는 현대인의 정서를 신뢰하자는 것이 아닙니다. 오히려 기독교는 "현재 상황은 그렇게 운명 지어진 게 아닙니다. 누구보다도 여러분은 지혜와 분별력, 용기를 가지고 어떤 변화가 가능한지 알아낼 수 있습니다. 세상은 달라질 수 있습니다"라고 역설합니다.

하나님은 알 수 있고 섬길 수 있습니다. 우리는 다르게 살아갈 수 있습니다. 그리스도의 몸은 혈연 중심, 폭력, 따돌림 그리고 근심 같은 것에서 벗어난 공존 방식이 있음을 우리에게 보여줍니다. 그것은 꽤 좋은 소식입니다. 성 바울은 갈라디아서 6장에서 성령 안에 있는 삶에 대해 쓰면서 비슷한 이야기를 했습니다. 주변 세상을 향해, '이렇게 하지 않아도 괜찮아요, 더 많은 게 있거든요'라고 말하는 대항문화입니다. 이런 문화는 경쟁을 부추기는 세상 체계, 서로 따돌리고 공포를 조장하는 세상 체계와 불화합니다. 그리고 지금 시작되는 하나님의 미래 안에서 실제로, 진심으로, 그리고 충만하게 사는 삶을 다룹니다. 하나님의 통치는 지금 시작될 수 있고, 이미 시작되었습니다. 하나님 나라는 다가왔고, 가까이 있고, 임박했고, 문 앞에 와있습니다.

성 어거스틴은 하나님의 도성에 관한 자신의 위대한 논문에서 하나님의 나라는 사실상 성도들의 삶이라고 말했습니다. 거룩한 사람들은 하나님의 통치가 어떤 모습인지 보여줍니다. 이것이 성도에 대해 생각하는 명쾌한 방식일지 모릅니다. 그들이 곧 하나님 나라가 있는 곳입니다. 여러분은 성도들―창문이나 달력에 새겨진 성인뿐 아니라 또한 그 나라를 보여준 사람들―이 어떤 존재인지 확인할 수 있습니다. 인간 역사는 달라질 수 있습니다. 하나님은 지금 여기서 통치하십니다.

죽음은 우리를 이길 수 없다

하지만 그것은 지금 여기에 관한 것만이 아닙니다. 여기에 좋은 소식의 세 번째 차원이 있습니다. 죽음은 현실이지만 정복할 수 있습니다. 우리는 죽음의 현실을 부정할 필요가 없습니다. 그보다 더 나쁜 일은 없습니다. 그렇게 하며 사람들은 더 거짓말을 하기 때문입니다. 우리는 죽음과 소멸에 대한 두려움과 정직하게 마주할 필요가 있습니다.

우리의 자원이 바닥나더라도 하나님의 자원은 결코 바닥을 드러내지 않습니다. 우리가 죽음을 마주할 때 하나님은 "나는 죽음 저편에 있노라"라고 하십니다. 하나님과의 관계는 우리가 지금 여기에서 몸에 밴 시야로 인해 시들해지지 않습니다.

영생은 단지 사후 삶이 아니며, 죽음을 이겨낸 생존 같은 것도 아닙니다. 그리스도인들은 죽음을 이기고 살아남는다는 생각을 종종 비판하지만, 이 비판은 지금보다 더 신랄해야 합니다. 우리는 죽음을 이겨내고 살아남지 못합니다. 우리는 죽습니다. 하지만 하나님은 우리와 관계를 회복하시면서 생명으로 인도하십니다. 영생은 바로 그런 관계를 의미합니다. 그것이 성경의 선포라고 저는 믿습니다. 우리 중 소수가 별로 내키지 않은 상태에서 그럭저럭 버텨나가는 것이 아니라 하나님이 우리를 다시 지으시는 것입니다.

영생 및 하나님과 함께하는 부활의 삶에 대한 우리의 믿음은 인간성에 대한 우리의 믿음에 달린 것이 아니라고 저는 가끔 말했습니다. 마치 거기에 불멸의 조각이 조금이라도 있는 것처럼 말입니다. 오히려 예수를 죽은 자들 가운데서 다시 살리신 하나님, 죽은 자들을 다시 살리시는 하나님, 무에서 유를 창조하시고, 죽음에서 생명을 이끌어내시는 그 하나님에 대한 믿음에 달려 있습니다. 이것이 부활의 세 번째 측면입니다.

일반적 의미에서 더 오래 살면서 불멸을 소망할 수 있다는 덤덤한 선언이 아니라, 우리 시야는 죽음에 의해 제한받지만 하나님은 크시고 그분의 시야는 우리와 다름을 알기에 죽음 및 죽음과 연관된 상실과 비극이라는 엄연한 현실과 맞설 수 있게 하는 능력입니다. 죽음을 직시하는 법을 배웠을 때에 우리는 온갖 종류의 다른 두려움과 근심을 더 정직하게 이해하고 거기에 균형 감각을 갖고 대응할 수 있습니다.

죽음에 대한 우리의 두려움을 언급하면서 복음은 다른 많은 두려움도 함께 다룹니다. 우리의 두려움은 대부분 죽음에 대한 두려움―패배, 소멸, 무기력, 거기에 없다는 두려움, 자기 존재감을 드러내지 못하거나 뜻을 펼치지 못한다는 두려움―의 변종들이기 때문입니다. 하나님은 부활을 통해 우리에게 일일이 두려워하지 말라고―예수께서 복음서들에서 자주 그리고 단호히 말씀하신 것처럼― 말씀하십니다. 예수께서 제자들에게 거듭 "내가 세상을 이

기었노라", 혹은 부활하신 후 "두려워하지 말라!", "나다"라고 말씀
하신 것을 주목해야 합니다.

우리가 뿌리부터 근심하고 두려워하게 될 때에, 다르거나 불
편함을 덜어내려면 바로 이런 과정을 거쳐야 합니다. 우리가 다
름―개인이나 상황, 문화, 철학, 종교―을 마주할 때 느끼는 불안
은 아마도 우리가 그 만남을 견뎌 내지 못하리라는 불안일 때가
흔합니다. 하지만 하나님이 "두려워하지 말라. 내가 세상을 이기
었노라"라고 말씀하셨다면 우리가 두려워할 게 있을까요?

이것은 우리가 중요하게 생각해볼 주제입니다. 우리가 진정
부활의 복음을 듣는다면 근본적인 용기를 얻게 되고 우리의 많은
두려움은 그 영향을 받아 대부분 흔적도 없이 사라질 것입니다.
바울 서신에는 이처럼 부활은 하나님이 하신 일이라는 믿음이 확
고하게 자리 잡고 있습니다. 우리가 성부 하나님의 임재 안에서
예수와 함께 서 있고, 함께 거할 처소가 우리를 위해 마련되었다
는 확신입니다.

그리스도가 우리 안에서 기도하신다

부활이 우리에게 들려주는 좋은 소식의 네 번째 차원은 아주
실제적인 것으로, 우리의 기도에 대한 것입니다. 제가 지금까지

말씀드린 모든 것에 근거한다면 우리는 기도에 대해 매우 철저히 그리고 아주 참신하게 생각해야 할 것 같습니다. 우리는 기도를 하늘의 '급습', 즉 군사 작전 같은 것으로 생각하는 경향이 있습니다. 우리는 어떻게든 탄원을 충분히 모아 하나님이 자신의 생각을 바꾸시게 해야 합니다. 아니면 실제로 하나님께 얼마간 압력을 가해 우리의 소원을 이루도록 해야 합니다. 그도 저도 아니면, 하나님이 아주 먼 곳에 계신 까닭에 우리가 크게 소란을 피워 그분의 주의를 끌어야 한다는 것입니다. 이 외에도 기도에 대한 온갖 다양한 왜곡들이 있습니다.

하지만 우리가 새 세상, 곧 예수가 있는 곳으로 받아들여지고 있다면, 기도의 가장 깊은 측면은 성령이 그리스도를 데려와 우리 안에 살아계시게 하듯 하나님이 우리 안에 거하시게 하는 것입니다. 우리는 그리스도가 성령의 활동을 통해 살아계시고 실재하시는 곳이 되어야 합니다.

성 바울이 쓴 거의 모든 편지에(특히 고린도교회에 보낸 서신에) 담긴 내용이 바로 이것입니다. 우리는 성령 안에서 '아빠, 아버지'라고 말하면서 부활하신 그리스도가 계신 곳으로 들어갑니다. 우리는 그리스도께서 글자 그대로 우리 안에 '생겨나시고', 우리 안에 발생하시며, 사시게 합니다. 이는 침묵기도와 관상기도의 뿌리 중 하나입니다. 우리가 기도로 자신의 염려와 말, 떠들썩함을 멈출 때 하나님이 우리 안에 거하십니다. 우리가 숨을 깊게 들이

쉬면 성령께서 몸과 마음, 영혼 속으로 들어오십니다. 그 결과 그리스도로 숨을 내쉴 수 있습니다. 숨을 내쉬십시오. 그러면 '아빠, 아버지'라는 단어와 함께 그분이 성부 하나님께 영원히 하실 말씀을 전합니다.

침묵기도의 실천은 부활 신비, 즉 그리스도께서 우리를 위하여 거처를 마련하셨다는 것에 기초합니다. 부활에 그런 차원이 없다면 우리는 관상에 대한 기독교 특유의 분별을 제대로 이해할 수 없습니다. 세계의 종교들을 보더라도 침묵 속의 관상이나 묵상을 소중히 여기는 기법이나 전통이 많고, 그들 다수에서 배울 수 있습니다(저도 여기서 많은 것을 배웠습니다).

하지만 이 모든 것을 기독교의 관점에서 이해하려면 우리는 부활에 근거한 삼위일체의 시각이 필요합니다. 제가 침묵 속에서 하나님 앞에 나올 때, 성령은 그리스도의 말씀을 제 입에 넣으시고 제가 새롭게 숨쉴 수 있도록 하시며, 그리스도의 말씀을 지닐 수 있도록 하고, 기도할 때 삼위일체께서 계시도록 합니다.

부활에 대한 믿음이 없으면, 그리스도께서 죽음에서 생명으로 넘어가 이제 하나님의 영원 안에 계신다는 믿음이 없으면 우리는 이런 실천에 대해 도무지 이해하지 못할 것입니다. 한 프랑스 신학자가 표현한 대로, "예수는 뒤집어져 하나님의 영원한 생명 안으로 들어가셨습니다." 그는 하나님 앞에 영원히 서 있고, 하나님 앞에서 우리의 거처를 지키십니다. 자신이 계신 거기에 우리도 있게 하시려고 말입니다(요 12:26). 기도는 하나님의 시선을 끌려는 시도, 혹은 우리가 매번 하나님에 의거하여 취하는 행동이 아닙니다. 기도는 하나님이 우리를 생명으로 이끄시고자 우리 안에서 취하시는 행동입니다.

기도생활에 대해 사람들의 염려가 깊어질 때 이따금 더없이 큰 위로가 되는 조언이 있습니다. "기도는 또한 하나님을 하나님으로 인정하는 것입니다." 그리고 여러분이 집중하려고, 여기에서 '거기'로 가려고 무진 애를 쓰다가 녹초가 되었다는 느낌이 들 경우에도 들어야 할 좋은 소식이기도 합니다. 즉, 기도는 하나님을 하나님으로 인정하는 것이며, 그분을 맞아들이는 일입니다.

> 기도는 우리가 고생해서 얻어내는 것이 아니라 하나님을 하나님으로 인정할 때 일어나는 그 무엇입니다.

이는 간단하거나 쉬운 일이 아닙니다. 하나님을 하나님으로 인정하려면 봄맞이 대청소와 같은 상당한 노동이 필요하기 때문입니다. 하지만 기도는 힘써서 얻을 뿐만 아니라 주어지는 것이기도 하다는 점이 좋은 소식입니다. 기도는 우리가 고생해서 얻어내는 것이 아니라 하나님을 하나님으로 인정할 때 일어나는 그 무엇입니다.

하나님은 천지만물을 돌보신다

이제 다섯 번째 측면에 이릅니다. 우리는 우리 가운데 오시는 하나님은 물론, 우리의 인성 전체를 다루시는 하나님을 예배합니다. 몸의 부활은 넓게는 우리 삶의 모든 측면이 하나님의 관심 영역임을 뜻합니다. 부활을 선포한다는 것은 "하나님의 목적은 물질세계를 무효로 되돌리는 것이 아니라, 변형에 있다"라고 말하는 것입니다. 하나님은 더 나은 일을 위해 세상을 날려버리고 싶은 것이 아니라, 역사적이고 물리적인 존재인 우리에게 속한 모든 것에 관심을 두십니다. 하나님은 이것을 다시 일으키십니다. 이런 사실은 우리의 육체 및 물리적 자아뿐 아니라 우리가 사는 물질계에도 신학적으로 매우 진지하고 심오한 평가를 내립니다.

부활 신앙은 우리가 주변 환경을 어떻게 보는가와 의미심장하게 연관되어 있습니다. 물리적 환경을 크게 염려하는 세상에서 그리스도인이 언급하고 표현해야 할 좋은 소식이 있는데, 곧 이 세상의 문제가 우리의 문제이기 전에 하나님의 문제이고, 하나님이 지으신 모든 것을 보시고 좋다고 생각하시기 때문에 우리도 피조세계 전체를 존중해야 한다는 점입니다.

따라서 예수님의 부활, 즉 실제 역사 한가운데서 일어난 크고도 결정적인 변화를 긍정한다면 우리가 물질계 전체를 보는 방식도 달라집니다. 이는 기후변화, 에너지 사용, 탄소 발자국* 그리고 나머지 모든 것, 즉 환경에 대한 우리의 생각에 관여합니다.

이것이 사도행전 2장과 멀리 떨어져 있는 듯해도 생각해보면 그렇게 거리가 먼 것이 아닙니다. 이는 교회 예배를 성례전적인 것으로 이해하는 근거가 되기도 합니다. 물과 빵과 포도주 같은 물질적인 것이 부활한 예수와 관계를 맺게 될 때 하나님의 목적과 사역을 전하는 소중한 도구가 될 수 있다는 믿음이 바로 성례전적인 삶입니다.

성찬례에서 우리 자신 위에 그리고 이 물리적인 것 위에 성령이 오시는 것이 왜 중요하냐면, 우리가 떡을 떼고 포도주를 나눌 때 그리고 우리가 손을 내밀고 입을 열 때 하나님이 예배 가운데서 '부활 형태의' 무언가를 하시기를, 그분이 현현하시기를 성찬기도를 통해 실제로 청하는 것이기 때문입니다.

저는 그리스도의 성찬례 임재를 둘러싼 복잡하기 이를 데 없는 논쟁의 역사는 상세히 언급하지 않고, 그분의 성찬례 임재에서 우리가 고수해야 할 두 가지 기본에 대해서만 말씀드리고자 합니다.

하나는 이것이 하나님의 행위 action of God 라는 것입니다. 다른 하나는 하나님이 세상 사물들을 통해 자신의 의도를 보여주신다는 것입니다. 이것이 성찬례에서 부활 형태를 띤 사건이 일어난다는 말의 의미입니다. 따라서 부활은 하나님이 역사와 문제, 곧 우리

●**carbon footprints** 온실 효과를 유발하는 이산화탄소의 배출량을 한눈에 알아볼 수 있도록 표시한 것.

의 일상 경험을 어떻게 보시는지, 예수와 관련하여 그것을 어떻게 자유롭게 변모시키시는지, 그리고 그것이 어떻게, 우리 몸과 환경의 가치를 무시하는 기독교에 대해 의심해볼 정당한 이유를 주면서도 우리의 몸과 우리가 살아가는 환경에 대한 이해를 달라지게 하는지를 말해줍니다.

이 모든 것은 하나님의 목적과 의도는 우리 머릿속에서 일어나는 일에 대해서뿐 아니라 우리가 몸으로 하는 것에 대한 것도 포함하고 있음을 상기시킵니다. 성 윤리와 경제학 윤리도 모두 여기 근거합니다. 우리가 몸으로 하는 일도 중요하다고 말합니다. 우리가 자기 소유물로 하는 일도 중요하다고 말합니다. 그런 이유로 부활은 우리가 생각하는 방식에 결정적인 영향을 미칩니다.

기독교 도덕은 결코 '규칙 지키기'에 그치지 않습니다. 그것은 언제나 하나님이 어떤 분이시고 어떤 일을 하시는지—충실함, 너그러움, 은혜와 자비의 표지—그리고 우리 영혼과 육체가 그런 주님을 어떻게 드러낼 수 있는지를 다룹니다. 제가 사랑하고 존경하는 동료 올리버 오도노반은 오래전에 쓴 자신의 첫 역작에《부활과 도덕적 질서》*Resurrection and Moral Order*라는 제목을 붙였습니다. 부활 신앙이 모든 윤리의 토대라는 말은 오래되었고 설득력 있으며 매우 세련된 주장입니다. 고린도전서를 보면 바울이 그것을 아주 잘 이해했다는 생각이 듭니다.

우리는 부활과 함께 그것의 현대적 의미에 대해 생각해왔습니다. 그리고 우리는 부활을 단순히 과거에 일어난 단일 기적으로, 예수님의 권한을 확증하는 것으로만 간주할 수 없음을 알았습니다. 물론 부활에는 그러한 측면이 있지만 말입니다. 우리는 부활이 지금의 현실, 곧 그리스도인으로서의 우리의 삶(그리스도의 몸 안에 있는 삶)을 정리하고 체계화하는 현실이라는 것도 알았습니다. 부활로 인해 그리스도인은 자신의 말과 행동으로 이야기하는 저 새로운 언어를 낳았습니다. 말 못지않게 행동도 우리가 세상을 어떻게 이해하는지를 보여줍니다.

우리는 진실로 이 부활 사건이 어떠한 차이점을 만들어냈는지를 숙고해보았습니다. 우리는, 지난 세기에 온갖 종류의 전체주의가 인간성을 협상 대상으로 내세웠던 것과 같은 방식으로, 할 수 있는 한 자유롭고 온전하게 그 차이점을 기술해야 합니다. 물론 부활의 복음은 이런 상황을 언급하되 거기에 반대합니다.

인간은 협상의 대상이 아닙니다. 부활의 복음은 절망에 빠진 저 장소와 환경을 언급합니다. 사람들은 거기서 변화가 가능하다거나, 하나님의 통치가 그 마음과 삶에서 이미 현실이 되었음을 믿지 않습니다. 부활의 복음은 우리 모두가 이야기의 끝인 죽음을 향해 가고 있고,

> 부활의 복음은 절망에 빠진 장소와 환경에 대고 직접 말합니다.

우리와 하나님의 관계—그런 관계가 있더라도—는 현세에서만 가

능하다고 한정 짓는 그런 환경에 대고 직접 말합니다. 부활의 복음은 염려하고 두려워하며, 하나님이 멀리 떨어져 계심을 당연시하는 그런 기도를 반대합니다. 부활의 복음은 몸이나 물질계가 과소평가되고 남용되는 환경을 언급하면서 그것에 반대합니다.

이 모든 방식으로 그리스도는 부활의 좋은 소식이 절실하게 필요한 세상에 말을 걸라고 우리에게 명하십니다.

묵상 질문

1. 성경은 출신 배경이 각양각색인 사람들의 인간성을 가감 없이 보여준다는 저자의 주장에 대해 어떻게 생각하는가?

2. 부활 신앙은 인간이 바뀔 수 있음을 어떻게 보여주는가? 극심한 두려움을 극복하는 데 부활 신앙은 어떤 도움을 주는가?

3. 부활 신앙은 우리의 기도생활에, 물질계를 대하는 태도에 어떤 영향을 미치는가?

새 창조의 시작

The beginning of the new creation

부활 성화 (성 앤드류 홀본)

왼쪽 그림에서 예수님은 옛 언약의 선지자들과 왕들에게 둘러싸인 채 죽은 자들에게 내려오시고 아담과 하와의 손을 잡으십니다.

이런 부활 성화를 처음 접할 때 좀 어리둥절해하는 사람이 있습니다. 언뜻 보면 이 성화는 사복음서에 나오는 부활 이야기들과 거리가 꽤 멀어 보입니다. 물론 부활은 다시 살아나신 예수님과 그분의 첫 제자들이 개인적으로 만나는 소중한 순간을 다룹니다. 우리가 4장에서 숙고한 불가사의하고 종잡을 수 없는 만남들이 그러합니다.

하지만 이 성화에서 우리는 또 다른 영역, 다른 기준을 만납니다. 성화는 여러분을 내면의 이야기로, 벌어지고 있는 사건의 기반으로 데려갑니다. 예수 그리스도의 부활은 피조세계의 재편을 가져온다고 이 성화는 우리에게 말합니다.

부활은 단지 예수 이야기의 해피엔딩을 말하는 것이 아닙니다. 부활은 무無에서 생명을 가져오시고, 인간을 자신의 형상과 모양을 담지한 존재로 만드시려고 하나님이 어둠 한가운데서 말씀하신다는 이야기입니다. 신앙공동체가 부활절을 새로 재현하고 기념할 때마다 이런 일이 일어납니다. 그런 까닭에 초대교회에서는—그리고 오늘날 동방 교회에서— 주일이 종종 한 주의 '여덟 번째 날'로 간주됩니다. 주일은 그리스도께서 부활하신 날이므로 새 세상의 시작입니다.

여기까지는 좋습니다. 부활은 새 창조의 시작입니다. 부활은 예수님뿐 아니라 아담과 하와 또한 다시 살아나는 것입니다. 성화 속의 아담과 하와를 자세히 보면 이들이 늙었음을 알 수 있습니다. 그들은 이야기의 첫 시작에 나오는, 빛나고 벌거벗은 인물이 아닙니다. 그들의 얼굴은 고난과 체험으로, 죄책감으로, 선악을 아는 지식으로 주름졌고, 험난한 삶을 살아온 상흔이 남았습니다. 아담과 하와는 자신의 순수성을 잃었습니다.

그 아담과 하와는 물론 우리 자신이기도 합니다. 상처를 주고받으면서 역사의 흔적과 체험의 흔적, 선악을 아는 지식의 흔적을 어딜 가나 몸에 지니는 우리입니다. 아담과 하와 이후 '사천 번의 겨울'이 지나며 성화 속의 저 얼굴은 우리 얼굴이 되었습니다. 캐럴은 이를 잘 표현하고 있습니다("아담은 굴레에 속박되어 있네"Adam lay y-bounden). 아담과 하와의 역사는 겨울 같은 역사이며, 그런 역사가 우리 안에 있음을 우리 자신도 압니다.

예수 그리스도의 부활은 피조세계의 재편을 가져옵니다.

따라서 우리가 부활을 새 출발, 새 창조라고 말할 때 그것은 다시 살아나신 예수께서 강림하셔서서 정확히 저 얼굴들, 즉 나이 먹은 아담과 하와를 만져주신다는 의미입니다. 그분은 마법의 지팡이를 한 번 흔드셔서 젊음을 되찾게 하시거나 타락 이전의 상태로 만드시지 않습니다. 그분이 다루시는 것은 지금 우리의 인간성, 고난과 투쟁, 과거의 실패와 현재의 실패입니다. 부활은 고통이나 실패를 없애는 것과 관련되어 있지 않고, 어떻게 고통과 실패 그 자체―역사의 흔적에 따른 인간성―가 변형되어 아름다워질 수 있는지와 관련됩니다. 성화의 특징 중 더없이 가슴 아픈 것은 아마도 저 쪼글쪼글한 얼굴들―겨울을 사천 번이나 맞이했고 이제 봄이 되면 소생하게 될 아담과 하와―일 것입니다.

따라서 기독교 복음이 제공하는 것은 사실상 새 출발입니다. 그것은 실로 무로부터의 유, 죽음으로부터의 생명, 어둠으로부터의 빛입니다. 그리고 동시에 그것은 신비롭게도 우리 현 상태의 탈바꿈입니다. 저 비유적 의미에서 사천 번의 겨울을 보내면서 얼굴에 주름이 새겨진, 진짜 살과 피를 가진 인간의 변화입니다. 우리가 그것을 믿지 않는다면 우리는 정말로 아주 이상하고 절망적인 세상을 살아가게 될 것입니다. 우리가 하나님께 돌이켰을 때, 무가치하게 여겨지고 '버려야 할 것'이라고 말했던 그 세상, 테이프를 다시 처음으로 되감았을 때 돌아가게 되는 그런 세상 말입니다.

하지만 그렇지 않습니다. 기도문에 쓰여 있듯이, 하나님은 "우리를 신묘막측하게 창조하셨지만, 더욱 놀랍게 회복하셨습니다."* 재창조, 곧 부활의 새로운 시작은 여러분과 저와 같은 얼굴과 인생에, 거기 묘사된 그대로 아담과 하와 안에 새로움과 생생함, 아름다움과 비전과 영광을 심는 것이므로 더욱 놀라운 일입니다. 그런 까닭에 부활은, 치유할 수 없고 다루기 힘든 고통이나 실패처럼 보이는 것 한가운데 있는, 실제적인 희망이라곤 눈곱만큼도 보이지 않는 세상이나 소용돌이 한가운데 있는 자들에게 진정 좋은 소식입니다.

부활하신 그리스도는 우리에게 나타나셔서, '내가 너희 역사를 기적적으로 제거하고, 너희 얼굴에서 주름을 펼 것이다'라고 말씀하시지 않고, '지금의 현실 한가운데서 내가 말할 것이고, 내가 거하겠으며, 또한 내가 바꿀 것이다'라고 하십니다.

고전 기독교 시대의 위대한 성인들을 묘사한 성화도 많지만, 우리 시대의 성인에 대한 성화도 있어서 우리는 오늘날 그 사진을 보기도 합니다. 우리가 상상할 수 있는 가장 흥미롭고 도전적인 일이 무엇일까요? 바로 그 성인의 성화와 사진을 동시에 볼 수 있는 것이 아닐까요? 사진은 누구나 찍을 수 있지만 부활의 빛 가운데 사는 사람만이 그런 성화의 주인공이 될 수 있습니다. 그리고 성인으로 인정받은 동시대인들의 주름지고 일상적이며 평범한 얼굴을 여러분이 볼 때, 성화에서 그 변화된 얼굴을 보고 거기에서

●영국 성공회 기도서의 '성탄절 이후의 첫 주일을 위한 짧은 기도문'에서 발췌함.
Collect for the First Sunday after Christmas, *Common Worship*.

나오는 영광과 광휘를 목격할 때, 부활의 이미지가 우리에게 들려주는 어떤 이야기가 있음을 깨닫습니다. 부활하신 그리스도가 손을 대시고 바꾸시는 것은 다름 아닌, 이 살과 피, 이 역사, 이 고난과 이 실패입니다.

그리하여 우리가 이 부활 성화, 즉 새 출발의 이미지를 보면 마치 거울을 마주 대하듯 아담과 하와를 보라는 요청을 받습니다. 실제적이고 복잡하며 평탄치 않은 삶의 부침, 빛과 그림자와 함

> 우리는 부활하신 예수님의 능력과 힘으로 매 순간 다시 시작합니다.

께, 그것을 부활하신 예수님이 새 일을 시작하시는 장소로 보라는 것이지요. 하나님은 언제나 우리의 현재 신분, 우리가 현재 하는 일에서 시작하시기 때문입니다. 죽음에서 생명이, 어둠에서 빛이 나오는 것은 지금, 거기에서입니다. 우리는 부활하신 예수님의 능력과 힘으로 매 순간 다시 시작할 수 있습니다. 그뿐 아닙니다. 이 새 출발은 우리의 현재와 과거의 실제 모습을 하나로 모으는 것이며, 갈 방향을 안내하는 것이기도 합니다.

하나님이 우리에게 자유와 용기를 주셔서, 나이 든 아담과 하와의 쌀쌀한 얼굴이 비치는 저 거울 안을 들여다보고, 그 순간 우리 마음에 봄이 어떻게 찾아오는지 볼 수 있기를! 시인 제러드 맨리 홉킨스의 말처럼, 예수께서 다시 사시고 그분이 일어나 '우리

안에서 부활하시는 것'을 볼 수 있기를!

그분 안에서 우리 삶은 날마다 새롭게 시작됩니다. 그분이 지금도, 앞으로도 언제나 우리와 함께하시는 하나님이시기 때문입니다. 그분에게 언제까지나 영광이 함께하기를. 아멘.

+ Rowan Cantuar:

국제제자훈련원은 건강한 교회를 꿈꾸는 목회의 동반자로서 제자 삼는 사역을 중심으로
성경적 목회 모델을 제시함으로 세계 교회를 섬기는 전문 사역 기관입니다.

하나님이 함께하신다는 것

초판 1쇄 인쇄 2017년 12월 13일
초판 3쇄 발행 2022년 4월 22일

지은이 로완 윌리엄스
옮긴이 강봉재

펴낸이 오정현
펴낸곳 국제제자훈련원
등록번호 제2013-000170호(2013년 9월 25일)
주소 서울시 서초구 효령로68길 98(서초동)
전화 02)3489-4300 **팩스** 02)3489-4329
이메일 dmipress@sarang.org

ISBN 978-89-5731-736-5 03230